Adolf Douai

Wider Gottes- und Bibelglauben

Zwei Schriften

Adolf Douai

Wider Gottes- und Bibelglauben
Zwei Schriften

ISBN/EAN: 9783743332621

Hergestellt in Europa, USA, Kanada, Australien, Japan

Cover: Foto ©Lupo / pixelio.de

Manufactured and distributed by brebook publishing software (www.brebook.com)

Adolf Douai

Wider Gottes- und Bibelglauben

Wider
Gottes- und Bibelglauben.

Zwei Schriften
von
Dr. A. Douai.

I. ABC des Wissens für die Denkenden.
II. Eine Antwort an die Bekenner des Theismus.

Berlin 1894.
Verlag der Expedition des „Vorwärts" Berliner Volksblatt
(Th. Glocke).

ABC des Wissens.*)

Der wahre Mensch soll gar nicht glauben, wenigstens nicht Dinge, wovon etwas abhängt; er soll wissen, je mehr desto besser, wenigstens alles, was ihm unentbehrlich.

Wenn ich glaubte, Paris läge in England, und London in Frankreich, so wäre das kein Unglück, mag aber immerhin schädlich werden. Wenn ich glaubte, 2 mal 2 sei 5, so muß das mehr oder weniger mir oder Anderen schaden. Wollte ich vollends an Gespenster glauben, so mag der Schaden sehr groß werden.

Dieses sind Beispiele von Dingen, die man nicht glauben soll, weil sie durch ihre Falschheit schaden können oder müssen. Soll man denn aber auch nicht glauben, wenn das Geglaubte nicht leicht schädlich wirken kann, oder wenn es zum Theil glaubhaft aussieht? Beispiele mögen auch diese Fragen beantworten.

Die Menschen haben Jahrtausende hindurch geglaubt, die Sonne sei eine große Leuchte, ein feuriger Wagen oder dergleichen. Dieser Glaube sieht sehr unschuldig aus, und gleichwohl läßt sich nachweisen, daß er viel dazu beigetragen hat, schweres Unglück über die Menschheit zu bringen; er hat auch Allen, die ihn hegten, sehr glaublich geschienen, bis er endlich als irrig nachgewiesen wurde. Was scheint unschuldiger, rührender, tröstlicher und glaubhafter als der Glaube an Unsterblichkeit? an das Wiedersehen unserer Geliebten? an unsere Vervollkommnung in einer besseren Welt? Und dennoch ist dieser Glaube mehr als alles Andere schuld an der Knechtschaft auf Erden; denn so lange die Geknechteten glauben, daß ihnen jenseit ohne ihr Zuthun vergolten werde, was sie hienieden geduldet und entbehrt haben, so lange strengen sie ihre ganze Kraft nicht an, die Erde wohnlich für Alle, zum Paradies für Alle, und die Knechtschaft in jeder Form unmöglich zu machen. Weitere Beispiele werden uns weiter unten aufstoßen.

---
*) Separatabdruck aus dem „Volksstaat", Jahrgang 1874.

Alles Falsche ist schädlich, auch wenn man es gar nicht erwarten sollte; nur das Wahre ist nützlich. Das Wahre aber ist das klar erkannte und beweisbare Wirkliche. Es ist nichts wahr, als was Jedem durch das Zeugniß seiner Sinne bewiesen werden kann oder auf schon bewiesenen Sätzen beruht. Es mag außerdem allerdings noch vieles Wahrscheinliche geben; allein man darf darauf keine wichtigen Folgerungen und Lebensgesetze ausbauen. Man darf das Glück des Menschenlebens nicht davon abhängig machen, daß es von Allen geglaubt werde. So z. B. ist alle Geschichte mehr oder weniger blos wahrscheinlich; denn wir können, was sie erzählt, nur in wenigen Fällen Jedem als wirklich beweisen, und die Erzähler können falsch gesehen, gehört, abgeschrieben und beurtheilt haben, was sie mittheilen. Gleichwohl mögen wir sie insoweit für wahr halten, als sie wahrscheinlich ist — nur sollen wir davon nicht Gebrauch machen, um Gesetze, Gebote, Pflichten, für die menschliche Gesellschaft herzuleiten. Das Glauben ist blos gerechtfertigt, soweit davon kein Thun abhängt, und auch dann nur, wo es auf Wahrscheinlichkeit gestützt ist.

Ein Richter z. B. soll Niemanden verurtheilen, wenn er blos glaubt, daß ein Verbrechen vorliegt, und wäre der Angeklagte noch so wahrscheinlich der Thäter. Die Geistlichen sollen es uns nicht zur Gewissenssache machen, unser Leben nach gewissen Gesetzen einzurichten, welche ein Religionsstifter gegeben haben soll, an dessen Leben und göttliche Sendung wir angeblich glauben müßten. Ein Arzt soll seine Kunden nicht auf eine Krankheit hin mit Arzneien mißhandeln, wenn er an das Vorhandensein der Krankheit blos glaubt, anstatt es beweisen zu können.

Was würde man von einem Kalendermacher denken, der den Aufgang und Niedergang der Sonne und Sterne ansetzen wollte zu Zeiten, wann er blos glaubt, daß sie stattfinden werden? Oder von einem Mechaniker, der einen Gummischlauch zum Dampfkessel verwendet, weil er glaubt, daß dies zweckdienlich sei?

Gott.

Der Glaube an das Dasein Gottes hat seit Jahrtausenden bei vielen Völkern für nothwendig gegolten. Gott aber kann nicht gewußt, er kann nur geglaubt werden. Es hat ihn Niemand gesehen, gehört oder sonst durch Sinnenzeugniß wahrgenommen. Viele freilich bilden sich ein, daß sie ihn gesehen, gehört oder sonst sein Dasein empfunden haben; allein sie sind nicht im Stande, ihre

Sinneseindrücke Anderen beizubringen, oder mit anderen Worten, dieses Dasein zu beweisen. Es ist also nur für sie, oder höchstens noch für andere ebenso Leichtgläubige vorhanden. Der Besonnenste aller Philosophen, Kant, hat denn auch vor beinahe hundert Jahren haarscharf bewiesen, daß es keinen gültigen Beweis für das Dasein Gottes geben könne, und die Richtigkeit dieses Beweises ist noch niemals auch nur angefochten worden.

Anstatt der vier Beweise aber, mit welchen er die Beweisbarkeit des Daseins Gottes widerlegt, beschränken wir uns hier auf einen einzigen, welcher Jedermann verständlich ist.

Die Gläubigen sagen, Gott sei allmächtig, allweise, allgütig; er wolle, daß allen Menschen geholfen werde, und sie zur Erkenntniß der Wahrheit kommen, weil davon ihr Glück in dieser und in jener Welt abhänge — die ewige Seligkeit.

Wenn dies die Fall ist, wenn Gott ein allliebender Vater ist, so muß er dafür gesorgt haben, daß Jedermann zur Erkenntniß der Wahrheit komme, daß Niemand ewig verloren gehen könne. Er konnte das Letztere verhindern, denn er soll allmächtig und allweise sein. Ob die Menschen gerettet sein wollten oder nicht, das kam nicht in Betracht. Er hatte sie so geschaffen, wie sie sind; er durfte sie nicht so schaffen, daß sie, seinem Willen zuwider, ewig verdammt oder sonst ewig verloren wurden. Ein menschlicher Vater, welcher verhindern kann, daß eines seiner Kinder sich selbst unwiderbringlich zu Grunde richtet, und welcher das nicht verhindert, ist ein Scheusal. Von dem göttlichen Allvater dürfen wir nur das Gegentheil denken; sonst wäre er uns nicht ehrwürdig, nicht ein Muster des Guten, nicht ein anbetungswerther Gesetzgeber. Also muß er dafür gesorgt haben, daß alle Menschen zur vollen Erkenntniß der Wahrheit kommen, daß sie selig werden.

Nichts war ihm leichter als das. Er brauchte es nur in alle Herzen zu schreiben, daß er ist, was er ist, und was er will, so konnte Niemand zweifeln an seiner Wahrheit. Es zweifelt ja Niemand, daß er essen, trinken und schlafen muß, wenn er leben will, oder an mathematischen Wahrheiten, oder an beweisbaren Sinneswahrnehmungen. Es giebt also Dinge genug, die Jedermann für wahr hält, Gesetze genug, nach denen Jedermann lebt.

Nun aber sind die Menschen über nichts uneiniger als über religiöse Fragen. Ob es einen Gott giebt oder nicht, ob einen oder viele Götter, über ihren oder seinen Willen u. s. w., darüber haben sich die Menschen von je bei der größten Verschiedenheit der

Meinungen mit der größten Heftigkeit und dem entsetzlichsten Blutvergießen gestritten.

Folglich ist nichts klarer, als daß Gott — wenn es einen giebt — sich nicht offenbart, sondern sich absichtlich und schlechterdings verborgen hat; daß er nicht will, es sollen die Menschen von ihm das Mindeste wissen oder glauben; daß sie leben sollen, als wenn er nicht wäre; daß er für uns so gut wie nicht vorhanden ist.

Wer diesen Beweis, der jedem Denkenden einleuchten muß, erschüttern kan, der rede! Jeder Gläubige hat die heilige Pflicht, ihn zu widerlegen, wenn er kann!

Es giebt aber noch andere, ebenso unumstößliche Beweise, welche dasselbe Ergebniß liefern. Wir erwähnen zunächst noch den von der Einrichtung des menschlichen Erkenntnißvermögens hergenommenen, welchen wir seiner Schwierigkeit wegen möglichst durch Beispiele klar zu machen suchen wollen.

Gleichwie das Auge nur für Lichtstrahlen empfänglich ist, aber nicht für riechende Gase, schmeckende Flüssigkeiten oder Schallwellen; gleichwie das Ohr nur für Schallwellen der Luft, des Wassers oder fester Körper Empfindlichkeit besitzt, aber nicht für Lichtstrahlen oder andere Sinneseindrücke, so ist der menschliche Geist in seiner Erkenntniß auf endliche Dinge beschränkt und für alles Unendliche hat er kein Organ. Dies kann schon deswegen nicht Wunder nehmen, weil es sich gar nicht entwickeln kann, ohne daß die Sinneswelt ihm von Außen Eindrücke erregt, und weil er nie das All, die ganze Sinneswelt auf einmal in seine Wahrnehmung einverleiben kann, sondern blos einzelne Eindrücke; alle einzelnen Dinge aber sind endlich in Raum und Zeit. Der endliche Geist kann nichts Unendliches fassen.

Nun haben die Theologen und Philosophen von jeher dem Aberglauben gehuldigt, als wenn der menschliche Geist den wahrgenommenen Sinneseindrücken etwas hinzuthue, sie in ihrem Wesen verändere, aus endlichen zu unendlichen mache. Indem diese Sinneseindrücke in unserem Gehirn stoffliche Veränderungen hervorbringen, würden sie zu etwas Unstofflichem, rein Geistigem, von der Sinnenwelt gänzlich Verschiedenem!!

So dunkel nun auch noch die eigentlichen Vorgänge in der Werkstatt unseres Geistes sind, so ist doch obiger Wahn leicht zu widerlegen. Man versuche einmal, sich etwas Unendliches, z. B. den unendlichen Raum, die unendliche Zeit ꝛc. vorzustellen. Es ist unmöglich. Hinter dem letzten Stern können wir uns immer wieder einzelne endliche Sterne vorstellen, aber durchaus keine Grenzenlosigkeit für den Raum und den ihn erfüllenden Stoff. Vor der Zeit von Millionen Jahren können wir uns immer weitere Millionen Jahre vorstellen, aber nie eine Endlosigkeit der verwichenen wie der künftigen Zeit und ihres Inhalts. Dies ist natürlich allgemein zugestanden. Die Gegner aber bilden sich ein, daß zwar nicht unsere Vorstellungen, wohl aber unsere allgemeinen Begriffe, Ideen (Gedanken) und deren Zusammensetzung zu Urtheilen und Schlüssen unendlicher Art seien. Die Mathematik z. B. rechne ja auch mit unendlichen Größen und bekomme dabei richtige Ergebnisse heraus.

Allein der Begriff des Unendlichen entsteht in unserem Geiste auf folgende Weise. Von Kindheit auf lernen wir Dinge und ihre Eigenschaften und Thätigkeiten im Gegensatze zu einander kennen. So entstehen in uns die Begriffe groß und klein, rechts und links, hell und dunkel u. s. w. So entsteht in uns auch im Gegensatz zum Endlichen der Begriff des Unendlichen. Woran wir kein Ende wahrnehmen, das nennen wir unendlich, weil wir zu allen unseren Begriffen Gegensätze zu denken genöthigt sind; dieser Begriff enthält aber gar keine weitere Bestimmtheit, als die des Fehlens jedes Endes. Es ist ein rein verneinender, gänzlich inhaltloser Begriff, mit welchem sich nichts weiteres Wirkliches erschließen läßt. Die Wirklichkeit, das Vorhandensein eines gedachten Dinges läßt sich schlechterdings durch nichts weiter beweisen als durch das Zeugniß der Sinne. Wir sind also zwar durch die Natur unseres Denkens geradezu gezwungen, das Unendliche (in jedem Sinne) vorauszusetzen; allein es giebt für uns keinen Beweis dafür, keine weitere Folgerung daraus, keine Erkenntniß seines Wesens. Auch in der Mathematik ist das Zeichen für die unendliche Größe ein blos verneinender Begriff, der das Hinwegdenken jeder Schranke verlangt, und nichts weiter. Auch dies ist als unter scharfen Denkern allgemein zugestanden anzusehen.

Alle unsere abgezogenen Begriffe (abstracta) sind solche Gedankendinge, welchen keine Wirklichkeit entspricht. Weil wir zahllose Bäume und Arten von Bäumen wahrgenommen haben, entsteht uns der Begriff Baum als abgezogener (Gattungs-) Begriff, welcher alle diejenigen Kennzeichen eines Baumes umfaßt, die nach unserer Wahrnehmung allen Bäumen eigenthümlich sind. Von dem Begriffe Baum sagen wir, daß er die Merkmale der Wurzeln, des Stammes, der Aeste, Zweige, Blätter ꝛc. besitze und bilden uns (mit Hegel) ein, was Wunder von geistigem Schatze wir an diesem und ähnlichen Begriffen besitzen, weil wir das Wesentliche an allen Bäumen abgekürzt in einem einzigen Gedankendinge zusammenfassen und mit einem Worte aussprechen. Allein es ist einleuchtend, daß der Begriff Baum bei jedem Menschen verschieden an Inhalt und Richtigkeit sein kann und wird, je nachdem Einer viele oder wenige Bäume beobachtet hat. Der Inhalt des Begriffs hängt also gänzlich von den Sinneswahrnehmungen und deren Richtigkeit ab.

Aber mehr noch. Wer da weiß, daß es Bäume giebt ohne echte Wurzeln (Misteln) oder mit bloßen Luftwurzeln (Orchideen), andere Bäume ohne Stamm, mit einem Schaft statt dessen (Palmen), andere ohne Aeste, oder Blätter oder Zweige 2c., der findet, daß sein hergebrachter Begriff „Baum" gar sehr berichtigt werden muß, wenn er auf alle Bäume anwendbar sein soll. Unsere abstrakten Begriffe sind also sehr unvollkommene Gedankenbilder, welche steter Berichtigung nach Maßgabe der fortschreitenden Erfahrung und Wissenschaft ausgesetzt sind und durchaus keine höhere Bedeutung haben, als die bloßer Abbreviaturen (Abkürzungen), kurzer Bezeichnung einer Vielheit von Vorstellungen durch einen Ausdruck, ein Gedankenbild.

Wir können und müssen, der Abkürzung des Denkens und Sprechens halber, solche abstrakte Begriffe bilden, wie Schönheit, Wahrheit, Tugend, Größe, Stärke und viele mehr. Allein in der ganzen Wirklichkeit außer uns finden wir keine Dinge, welchen diese Begriffe entsprechen; wir finden nur einzelne uns schön vorkommende Dinge, nicht die Schönheit selbst; einzelne wahre Aussprüche, nie die Wahrheit selbst; einzelne tugendhafte Handlungen, aber nirgend die Tugend selbst; Dinge verschieden groß, aber nicht die Größe als ein ablösbares Einzelne 2c. Es ist von der größten Wichtigkeit, daß dies allgemein verstanden werde; denn um solcher bloßer Gedankendinge willen brechen die Menschen einander am liebsten den Hals, während sie in Frieden und Einklang leben würden, wenn nicht fast Jeder unter demselben Begriffe etwas Anderes verstünde als der Andere. Wir kommen hierauf später zurück.

Zu diesen abstrakten Begriffen gehört nun auch der Gottes, oder der Gottheit, oder des Absoluten, oder Unbedingten, oder schlechthin Vollkommenen, Unendlichen u. s. w. Wir haben kein geistiges Vermögen, um uns den Inhalt dieses Begriffs vorzustellen, ober in der Wirklichkeit ihn wiederzufinden. Wollen wir dies aber durchaus, so verfallen wir in unauflösbare Widersprüche. So setzen wir z. B. Gott von der Welt verschieden, als ihren Schöpfer, als unsinnliches, reingeistiges Wesen. Indem wir ihn aber mit demselben Denkverfahren als allgegenwärtig setzen, im Gegensatz zu allen weltlichen Dingen, welche nur einen bestimmten Raum auf einmal ausfüllen, setzen wir ihn in der That als den ganzen Raum erfüllend, d. h. als Weltall. Wir vermögen diesen Selbstwiderspruch nicht aufzulösen. Wir erklären Gott weiter für allmächtig im Gegensatz zu der beschränkten Kraft, welche überall in der Welt in die Erscheinung tritt, und bedenken nicht, daß eine solche Allmacht mit der Entwicklung innerhalb der Welt in unversöhnlichem Widerspruch stehen würde. Denn die Allmacht muß ewig fertig sein mit ihrer Arbeit, d. h. mit der Weltschöpfung nie angefangen haben, durch welche sie ohnehin nichts erreichen konnte, was sie nicht schon besaß. Wir nennen ihn auch allwissend. Als solcher weiß er von Ewigkeit voraus, was wir Menschen thun werden, und da er bei seiner Allmacht verhindern kann, daß wir seine Gebote übertreten und dadurch in die ewige Verdammniß kommen, und da er uns trotzdem Freiheit giebt, seinem Willen zuwiderzuhandeln, so machen wir ihn selbst zum Hauptschuldigen, d. h. zu einem unheiligen Wesen, wie z. B. den Teufel.

Solcher Widersprüche giebt es in der religiösen Weltanschauung überaus viele. Sie ist ein einziger großer Selbstwiderspruch, wie David Strauß in seiner „Dogmatik" unwiderleglich nachgewiesen hat. Alles Reformiren an derselben, um sie mit der fortgeschrittenen Wissenschaft in Einklang zu bringen und unseren zweifelsüchtigen Zeitgenossen ansprechender zu machen, ist vergeblich, weil der Menschengeist kein Vermögen hat, das Uebersinnliche zu begreifen. Es ist dies ebenso, als wenn der Freiherr von Münchhausen sich selbst an seinem Schopfe aus dem Sumpfe zieht, oder als wenn eine Luftschifffahrt eingerichtet werden soll, um die Forscher von einem Sterne zum andern durch das Weltall fliegen zu lassen.

Wir müssen hier einem Einwande unklarer Köpfe begegnen. Diese machen geltend, daß der Mensch ein unendlich fortschrittsfähiges Wesen sei und als solches keinerlei Erkenntnißschranken sich gefallen lasse. Sie sagen: wer hätte vor Erfindung des Fernrohres erwarten können, daß wir Heutigen die Milchstraße als aus Millionen Fixsternen bestehend erkennen würden? wer vor Erfindung der Spektralanalyse, daß wir mit fast unumstößlicher Gemißheit ermitteln würden, aus welchen Stoffen unsere Sonne und andere Weltkörper zusammengesetzt sind? wer vor Erfindung des Mikroskops, daß wir wissen würden, wie alle Gewebe aller Pflanzen und Thiere zusammenhängen? wer vor Erfindung des höheren Calculus, daß wir einmal Sonne, Erde, Mond und alle Planeten bis auf das Pfund genau wägen würden? Folglich wäre es Unsinn, zu zweifeln, daß weitere Vervollkommnung unserer Sinneswahrnehmung durch weitere Erfindung feinerer Werkzeuge uns bestätigen werde, was uns der fromme Glaube sagt, daß u. s. w.

Soweit die unklaren Köpfe. Es ist alles richtig, was sie da von der steten Zunahme unserer wissenschaftlichen Erkenntnisse sagen — nur die Folgerung daraus ist grundfalsch. Denn unsere wissenschaftlichen Forschungswerkzeuge mögen noch so sehr verbessert werden, so bleiben sie doch stets unvollkommen, endlich, beschränkt, und mit jeder neuen Verbesserung derselben entstehen neue Räthselfragen, weil ein neues Gesichtsfeld eröffnet wird. So lange wir keine unendlichen, schlechthin vollkommenen Werkzeuge erfinden können — und das ist endlichen Wesen unmöglich — so lange dient jede neue Erkenntniß nur dazu, den „frommen Glauben" tiefer zu entwurzeln, wie denn unsere größten Naturforscher lauter Ungläubige sind, und — wenn sie nur ganz freimüthig reden dürften — ihren Unglauben am lautesten eingestehen würden.

Es ist auch aus zwei Ursachen nicht die mindeste Aussicht, daß künftige Naturforscher je wieder gläubig in irgend einem Sinne werden könnten. Erstens nämlich deswegen nicht, weil jeder von ihnen aus der Geschichte der Naturforschung weiß, daß diese erst seit der Zeit so herrlich aufgeblüht ist, da der Bannstrahl der Kirche nicht mehr geachtet, eine Versöhnung des Glaubens mit dem Wissen nicht mehr versucht, die Wissenschaft nach ihren eigenen Gesetzen, statt nach den Satzungen einer Kirche betrieben wird. Noch ist dies nicht 200 Jahre her; aber in dieser kurzen Zeit ist die Wissenschaft weiter fortgeschritten, als in Jahrzehntausenden vorher. Das, was die Wissenschaft Wahres festgestellt hat, so lange sie noch vom „frommen Glauben" bevormundet wurde, ist gegenüber der unübersehbaren Masse der Erkenntnisse des letzten Jahrhunderts vollständig unbedeutend, fast nichts. Dazu kommt aber noch, daß die Wissenschaft an der Technik eine Bundesgenossin erhalten hat, welche sie vor aller Feindschaft der Kirche völlig schützt. So wenig die Welt wieder ohne Dampfkraft, Telegraphen, vermannigfachte

Maschinerie und chemische Präparate wird arbeiten wollen, zu welchen die Wissenschaft der Technik verholfen hat, so wenig können die weltlichen Mächte, welche von der Technik und ihrer Großproduktion schlechthin abhängig sind, der Wissenschaft wieder einen Maulkorb anlegen.

Zweitens aber ist es die Forschungsweise (Methode) der Wissenschaft, welche zu der Methode des „frommen Glaubens" und der ganzen alten Weltanschauung in geradem Gegensatze steht. Die letztere fing beim Aufbau ihres Gebäudes in der Luft an, um von da aus zum Grundbogen hinabzukommen. Sie suchte unter den abstrakten Begriffen, welche das Eigenthum des menschlichen Geistes sind, herum, besah sie darauf, wie sie unter einander paßten, richtete sie auch wohl so zu, daß sie zusammen paßten, und wenn sie eine angemessene Grundlage gefunden zu haben glaubte, so war das Prachtgebäude fertig. Dies war die sogenannte deduktive Methode. Die heutige Wissenschaft verwirft von vornherein jedes Baustück, bis es genau auf seinen Werth untersucht ist und nimmt zur Grundlage ihres Gebäudes lauter bewiesene Thatsachen, Thatsachen, welche Jedermann durch sein Sinneszeugniß bewahrheiten kann. An diesen prüft sie die noch unbewiesenen, und nur wenn sie mit ihnen völlig übereinstimmen, läßt sie sie als Werkstücke zu. So findet sie Gesetze, welche allen Thatsachen zu Grunde liegen und führt die verschiedenen Gesetze, soweit sie zusammenstimmen, auf eines zurück, welches dann der Gipfel des Gebäudes wird. Wohl mag sie hier und da eine Zeit lang irren und einen Theil des Baues wieder einreißen und umbauen müssen; auch wird sie nie ganz mit der Spitze fertig. Allein die Grundlage ist unerschütterlich und bewährt sich immer aufs Neue. Dies ist die in= duktive Methode, die der wahren Wissenschaft.

Jene Methode führt, weil sie auf abstrakten Begriffen fußt, welche von fast jedem Menschen nach Maßgabe seiner Erfahrung verschieden aufgefaßt werden, mit Nothwendigkeit zum ewigen Glaubenskampfe, zur Ketzerverbrennung, zum Inquisitionsgericht, zum Despotismus jeder Art und — was vielleicht das Schlimmste — zum leeren Wortstreit. Diese führt, weil sie Jeden von der unbedingten, auf Sinneswahrnehmung begründete Richtigkeit ihrer Ergebnisse überzeugen kann, zur gegenseitigen Duldung, zur Achtung des Menschen als solchen, zur allgemeinen Menschwerdung, also zum Staate und der Gesellschaft der Zukunft, dem Bruderreiche, dem Himmelreiche auf Erden. Diese Methode kann von der

Wissenschaft nie mehr aufgegeben werden — das wäre ihr Selbstmord.

Die Anhänger jener Methode und der frommen Weltanschauung haben also gut reden, daß die Naturforscher bei weitem nicht alle Dinge erklären, nicht alle Räthsel des Daseins lösen, nicht das letzte Wesen der Dinge erkennen können. „Ihr Frommen — so können die Naturforscher frohlockend rufen —, ihr habt noch nie ein einziges Ding richtig erklärt, noch nie ein einziges Räthsel des Daseins gelöst, uns dem Wesen der Dinge nie ein Schritt näher, sondern nur immer in der Irre der Einbildung geführt. Die ganze Geschichte eurer Forschung ist hohles Wortgeklingel, Verdummung der Massen und immer neuer Rückschritt, so oft wir euch einen Schritt vorwärts gegängelt hatten. Wir wollen gar nicht den letzten Urgrund der Dinge erforschen, denn er ist unseren Geisteswerkzeugen schlechthin unzugänglich. Wir haben aber bereits zahllose Erscheinungen befriedigend erklärt, welche ihr blos stumpfsinnig angestaunt habt; wir haben viele Räthsel gelöst, welche ihr für unlösbar ausgegeben hattet; wir werden, wenn erst alle Menschen genügend erzogen sein werden, um uns forschen zu helfen, noch ungemein viele Thatsachen erklären und Räthsel lösen. Wir werden in nicht allzu ferner Zukunft die Millionen der Erdbewohner mit dem unaussprechlichen Glück beseligen, in dem Prachtbau der Wissenschaft und der Kunst völlig sich heimisch zu fühlen und das Weltall tiefer und umfassender zu erkennen, als jetzt noch die kühnste Einbildungskraft sich vorstellen mag. Ha, welcher Hochgenuß, recht viel Wahres zu wissen und immer mehr die Wirklichkeit selbst zu erforschen?"

Es giebt noch sehr Viele, welche den Glauben an Gott festhalten zu müssen glauben, obschon sie mit den bestehenden Kirchen und Glaubensbekenntnissen gebrochen haben, da sie sehen, wie wenig aufrichtige Anhänger dieselben noch zählen. Mit diesen müssen wir noch ein besonderes Wort reden. Wir müssen sie zuerst fragen: ist es recht, kann es Pflicht sein, ein höchstes Wesen zu verehren, welches durchaus nicht verehrt sein will? welches dafür gesorgt hat, daß wir es nie erkennen und seines Willens uns nicht vergewissern können? Denn wenn wir irgend etwas Gewisses von ihm wissen, so ist es dieses, daß es in unserem beschränkten Erkenntnißvermögen eine unübersteigliche Schranke zwischen ihm und uns errichtet hat, während doch in jeder andern Richtung unserer Erkenntniß keinerlei Schranke gesetzt ist?

Wenn es für den Vernünftigen irgend einen Fingerzeig giebt, ist es nicht dieser letztere? Wenn der „Höchste" unsere Verehrung, unsere Liebe, unsere Annäherung an ihn wollte, würde er nicht so dafür sorgen, daß wir als gehorsame Kinder sie gar nicht umgehen könnten? Und doch hat er nicht nur nicht dafür gesorgt, sondern durch die entsetzlichen Religionsstreitigkeiten und die Glaubens= entzweiung allenthalben genügend für eine Warnung gesorgt, daß wir uns gar nicht um ihn bekümmern sollen! Wollt ihr seine Warnung nicht achten? Wollt ihr das Folgende nicht bedenken?

Wenn es eine Möglichkeit gäbe, von Gott das Mindeste zu erkennen, also eine Offenbarung Gottes, so müßte sie entweder eine allgemeine, allen Menschen gleich zugängliche sein, oder es fände die größte aller denkbaren Ungerechtigkeiten statt. Wie kämen dann die Hunderte von Millionen Chinesen, Japanesen und manche anderen Völker dazu, daß sie nie einen wirklichen Gott und seine Verehrung gekannt haben? Und wenn gar eine der bestehenden Religionen, vielleicht die christliche, die wahre Gottesoffenbarung wäre, wie kämen die mehr als drei Viertel aller Menschen, welche noch heute nicht Christen sind, und alle vor Christo verstorbenen und seit Christus dagewesenen, aber mit seiner Lehre unbekannt gebliebenen Tausende von Millionen — wie kämen sie dazu, die große Heilswahrheit haben entbehren zu müssen? Und wenn es eine Offenbarung von solcher Parteilichkeit durchaus geben soll, was ist dann noch gegen die Unfehlbarkeit des Papstes, gegen die Inquisition und die Ketzergerichte, kurz gegen alle Greuel des Mittelalters einzuwenden? Wenn wirklich „Viele berufen, aber Wenige auserwählt" sind — wer hält es noch mit einer solchen Weltregierung?

Nein, an der in der Menschenbrust lebenden sittlichen Natur scheitert jeder Versuch, eine solche Parteilichkeit des höchsten Wesens zur Anerkennung zu bringen. Der Mensch ist besser als seine Götter. Er lebt sich durch sein Denken hinaus über diese seine vorzeitigen Geschöpfe. Die menschliche Sittlichkeit ist immer der jedesmal geheiligten Glaubensmoral voraus. Ein parteischer Gott ist durchaus unverehrungswürdig. Die gänzlich Ungläubigen unserer Tage sind bessere, sittlichere Menschen, als die Anhänger der Kirchen= moral sein können. Ihr sittliches Ziel ist höher als das aller Religionen: sie wollen volle Gerechtigkeit hier auf Erden; sie wollen es lieber mit der ewigen Verdammniß wagen, als zu den Bevor= zugten und Auserwählten gehören, die sich an der „alleinwahren

Religion" und der Gnade weltlicher Großen sonnen. Sie sagen mit Cato von Utica: „Den Göttern hat die siegreiche Sache gefallen, die besiegte dem Cato."

Uebrigens hatte die heutige Naturforschung manche religiöse Anschauung zerstört. Bis vor Kurzem noch konnten die Anhänger der sogenannten Naturreligion sich in dem Traume wiegen, daß Alles in der Welt so ungemein weise und zweckmäßig eingerichtet sei und so viel liebende Fürsorge für alle Geschöpfe verrathe, daß man an dem Vorhandensein eines zwecksetzenden, weißen, allgütigen Weltenvaters nicht zweifeln könne.

Erst seit ein paar Jahrzehnten hat dieser Zweifel wirklich begonnen, und heute schon kann er auf unwiderlegliche Beweise sich stützen. Wenn man erst einige Tausend Jahre ebenso eifrig die Unzweckmäßigkeit, wie bisher die Zweckmäßigkeit der Natur, wird erforscht haben, wird der Beweis für erstere überwältigend sein. Nur Einiges davon hier! Gesetzt, der Zweck, zu welchem die Welt sich entwickelt, wäre der denkbar sittlichste, liebevollste: das Wohl möglichst vieler belebter Geschöpfe und deren stufenweise Vervollkommnung — wie stimmen damit die Thatsachen überein? Von der ganzen Oberfläche der Erde ist nur ein Viertel Land, und von diesem Viertel ist noch nicht ein Zehntel solches Land, auf welchem wahrhafte Menschenbildung einigermaßen gedeihen kann. Neun Zehntel des Landes beherbergen armselige Wilde oder doch Halbwilde, denen jede Möglichkeit des geistig-sittlichen Fortschritts gänzlich verwehrt ist, weil Boden und Klima, weil Wüsten, Sümpfe, riesige Hochebenen und Gebirge oder regenarme Landstriche die Menschen übermäßig mit dem Kampfe um das Dasein beschäftigen. Ja, es ist streng nachweisbar, daß vor Jahrtausenden mehr als dreimal so viel kulturfähiger Erdboden vorhanden war als jetzt, daß also in Hinsicht der Breite kein Fortschritt der Kulturentwicklung stattgefunden hat. Und zu dieser Verwüstung seiner Schaubühne hat der Mensch nur wenig, die Natur aber bei weitem das meiste beigetragen. Von Asien sind jetzt über zwei Drittel Wüste, Steppe, Sumpf oder sonst anbauunwürdig, welche vor Zeiten zahlreiche Millionen kulturfähiger Menschen ernährten. In ganz Amerika lehren die Ausgrabungen und Entdeckungen von Alterthümern, daß dieser Erdtheil vor Zeiten eine viel weiter fortgeschrittene Menschenrasse beherbergte, als die europäischen Entdecker dort vorfanden. Und ähnlich in Australien und Afrika. Gesetzt aber, was den Menschen abgezwackt ist, habe den Thieren und Pflanzen zugute kommen sollen; wie dann mit den ungeheuren Wüsten, welche an beiden so arm sind? mit dem Meere, dessen größter Theil nur die allerniedersten Geschlechter von beiden beherbergt? den Riesengebirgen, wo nahezu alles Leben auf Strecken so groß wie Europa aufhört? und den polaren Eiswüsten, wo es nur unter dem Eise im Wasser noch ziemlich reich anbauert? Daß diese $^{39}/_{40}$ der Erdoberfläche so unfähig zur Fortentwicklung ihrer Geschöpfe hätten bleiben müssen, um das letzte Vierzigstel desto mehr zu begünstigen, diese wohlfeile Annahme ist weder ein Kompliment für die Allgüte und Allweisheit, noch haltbar gegenüber den möglichen Gegenbeweisen.

Eine besonders dicke Hirnschale gehört dazu, um, wie es von deutschen Geschichtsverderbern häufig geschehen, aus der Geschichte der Menschheit eine liebevolle Zweckmäßigkeit der Weltregierung darzuthun. Wie viel Jahrzehntausende verloren gegangen sind, während deren alle Menschen noch Wilde oder Halbwilde waren, ehe vor etwa 7—10,000 Jahren die fortschrittsfähigen Rassen sich entwickelten, darüber streiten die Forscher noch; aber nicht darüber, daß jener ältere Zeitraum vielmal länger als der letztere angedauert habe. Und wie gering ist derjenige Theil des letzteren, während dessen wirklicher Fortschritt angedauert hat! Man streiche die etwa drei Jahrhunderte der hellenischen (altgriechischen) Kultur und die letzten zwei der europäischen aus der Geschichte, und wie viel Fortschrittskultur bleibt dann überhaupt noch, einer Kultur, welche obendrein auf einen so höchst geringen Flächenraum beschränkt blieb? Die ganze übrige Geschichte ist vorwiegend barbarisch, aus sich heraus unfruchtbar. Und durch welche entsetzlichen Greuel hindurch hat der Fortschritt sich Bahn brechen müssen: Ausrottung oder völlige Versklavung ganzer Bevölkerungen, Menschenfresserei bei allen Urvölkern, Menschenopfer, Entwürdigung des weiblichen Geschlechts, Verödung großer Landstrecken für immer, Verschlechterung des Klimas anderwärts, Krieg ohne Unterlaß bis auf die Gegenwart herab, deren Verdienst es ist, daß die Wissenschaft und Kunst des Menschenmordes im Großen fast zur Vollkommenheit ausgebildet worden ist! Wo ist da eine allliebende Vorsehung als waltend nachzuweisen? — Nur wenn man Alles verschweigt, was gegen sie spricht.

Nein, nur der grauenhafteste Kampf um das Dasein füllt die Seiten der Kulturgeschichte, bis zuletzt eine Rasse sich herausgebildet hat, an welche der unablässige Fortschritt gebunden scheint; und innerhalb dieser herrscht noch der Völkerkrieg, der Religionskrieg und der Klassenkampf, und verschwindend klein ist noch immer die Zahl der Vorkämpfer für das Menschenthum. Es ist viel mehr Aussicht dafür, daß die neun Zehntel der Menschheit, welche nicht zur Fortschrittsrasse gehören, werden ausgerottet werden müssen, als auf ihre Vermenschlichung durch jene. Gewiß, wenn irgend ein Ausspruch John Stuart Mill's wahr ist, so ist es der, daß das Zeitalter der Barbarei noch nicht vorüber ist, sondern daß wir erst im Uebergange aus demselben uns befinden.

Und wenn es auf den Nachweis einer allgütigen Weltregierung, welche die Entwicklung möglichst vieler fortschrittlicher Geschöpfe wolle, ankommen soll, so ist es unser Sonnensystem zumeist, was ihn zu Schanden macht. Unsere Sonne ist an Masse das Vierhundertfache aller ihrer Wandelsterne (Erden, Planeten) und könnte also eine sehr viel größere Oberfläche für kulturfähige Wesen bieten, als diese, während sie jetzt deren durchaus keine tragen kann. Denn sie ist eine einzige glühende Masse von so ungeheurer Hitze, daß darin keinerlei Organismen bestehen können, wie verschieden auch von denen unserer Erde wir sie uns denken mögen. Und damit genug von der Allgüte.

Es ist übrigens klar, daß Diejenigen, welche einen Zweck der Weltschöpfung lehren, verbunden sind, denselben nachzuweisen, nicht wir das Gegentheil. Wir, die wir in der Welt nicht ein System von Zwecken, sondern eines von Gesetzen erblicken, brauchten kaum so weit, wie wirs gethan, den Weltzweck, den wir nicht behaupten, zu widerlegen.

Wir fürchten kaum, daß Leser, welche aufmerksam bis hierher gelesen haben, uns noch mit dem Einwand begegnen: aber die Welt hat sich doch nicht selbst gemacht? sie muß doch Einen gehabt haben, der sie geschaffen hat? Solchen erwidern wir, was folgt:

Die Welt ist nicht gemacht, sie entwickelt sich. Das Machen oder Schaffen ist ein Begriff, welcher blos im Menschengehirne vorkommt, aber nirgends in der Natur. In dieser entsteht Alles aus gesetzlichen Ursachen, herrscht ein steter Wechsel von Stoff und Kraft. Nirgends in der Natur beobachten wir ein Machen, wie es der Mensch übt, auch kein Schaffen aus Nichts, nur ein stetes Werden, ein Entstehen aus Vorhergehendem. Wenn durchaus ein Welturheber nothwendig gedacht werden soll, so entsteht die berechtigte Frage: wer ist der Urheber dieses Urhebers? Und weil diese

Frage lächerlich wäre, also entgegnet werden wird: er ist Urheber sein selbst, so antworten wir: wenn irgend etwas Urheber sein selbst genannt werden darf, obwohl davon nichts in unsere Erfahrung fällt, weshalb soll das All nicht so genannt werden, da wir außerhalb desselben nichts kennen?

Mit anderen Worten: Begriffe, welche auf die einzelnen Dinge und Erscheinungen in der Welt anwendbar sein mögen, sind es nicht auf die Welt als Ganzes, auf das All. Aber wir kommen hierauf zurück.

Unsterblichkeit.

Unser vom Zweifel ganz durchfressenes Zeitalter ist längst viel mehr geneigt, den Glauben an Gott, als den Glauben an die Unsterblichkeit preiszugeben. Den HErrn HErrn glaubt sie entbehren zu können, außer soweit er nöthig ist, um das liebe Ich im Jenseits fortzuerhalten. Wer möchte da nicht mit Strauß ausrufen: „Sonst hieß es: Herr, wenn ich nur dich habe, so frage ich nicht nach Himmel und Erde! — Jetzt ist der Wahlspruch der geworden: Wenn ich nur mein liebes Ich in Sicherheit habe, so frage ich nichts nach Gott, Himmel und Erde." Mit einem Worte: Die wahre Bourgeoisreligion!

Wir fragen den Proletarier von heutzutage: Und wozu könntest du eine Unsterblichkeit brauchen? — Etwa um drüben ebenso Bourgeois zu werden, und deine Arbeiter, die gewesenen Bourgeois von hier, zu behandeln, wie sie dich behandelt haben? — ein Glaube, wie er bei manchen hoffnungslos geknechteten Völkern herrscht.

Allein zu deiner Ehre, Proletarier, sei es gesagt, daß du keine solche Rache willst. Solche Bestialität überläßest du eben den hoffnungslos geknechteten Völkern, zu denen du dich nicht rechnest. Also wozu sonst könntest du deine Unsterblichkeit wünschen?

Etwa, um im Himmel der Seligen zu faulenzen? — Aber das war hienieden deine Sache nicht; dein Ziel ist immer bloß Arbeit, belohnt durch Genuß, und Genuß, verdient durch redliche Arbeit. Im Himmel aber — und in der Hölle giebt es keine Arbeit. Keine einzige Religion noch hat ein Sterbenswörtchen von einer Arbeit gesagt.

Oder um deine Lieben wiederzusehen? — Aber du kanntest auf Erden das wahre Familienleben kaum; für dich hatte es mehr Bitteres als Süßes.

Oder um deine Gaben weiter zu entwickeln und ein vollbürtiger Mensch zu werden? — Ja, wenn du nur auf Erden einen Vorgeschmack von dem unschätzbaren Glück einer vollen Anlage-Entwicklung gehabt hättest, um dich nach deren Fortsetzung zu sehnen!

Also noch einmal: wozu könntest du ein ewiges Leben wünschen? — Falls dieselbe Gerechtigkeit dort herrschte, wie hier auf Erden, so dankst du schön dafür. Wie aber in aller Welt sollte das Gegentheil möglich sein, wenn die Weltregierung hienieden in dir und deinesgleichen allen Glauben daran zerstört hat? Wenn die Weltregierung zu vergleichen sein mag mit einer Schule, welche für eine höhere Form der Gesellschaft vorbereitet, so müßte es doch viel leichter sein, die Schuljugend (also hier die Menschheit) auf den Pfad der Gerechtigkeit zu leiten, als die Erwachsenen (also hier die Bürger des Jenseits)?

Und das ist der Hauptgrund gegen die Unsterblichkeit. Alle Religionen, welche die letztere lehren, zerstören das Gerechtigkeitsgefühl und den Glauben an eine gerechte Weltregierung, indem sie den Schauplatz der Gerechtigkeit auf einen Platz verlegen, welcher von hier aus nicht gesehen, nur geglaubt werden kann. Sehr wahr sagt die christliche Urkunde: Wer seinen Bruder nicht liebt, den er doch sieht, wie kann der Gott lieben, den er nicht sieht? — Auf unsern Fall angewendet, lautet das so: Wer die Welt nicht lieben kann, weil er in ihr keine Gerechtigkeit sieht, wie kann der die angebliche bessere Welt lieben, wovon er nichts sieht? — Kinder abspeisen für Entbehrungen und Leiden mit Versprechungen, die sich ein ganzes Leben lang nicht verwirklichen, heißt ihren Glauben an Gerechtigkeit zerstören. Und dieser Vergleich wird doch wohl auch auf Menschen passen, deren Mehrzahl Kinder bleiben.

Zur Zeit, als der Unsterblichkeitsglaube noch herrschte, gab es noch staatliche und gesellschaftliche Einrichtungen, welche mehr oder weniger auf Erden Gerechtigkeit in Vertheilung der Arbeit und des Genusses verwirklichten, so z. B. bei den alten Juden, Griechen, Slaven und fast allen Viehzucht und Ackerbau treibenden Völkern. Seit aber das fluchwürdige römische Privatrecht und mit ihm zugleich die Unsterblichkeitslehre des Christenthums Besitz vom Hienieden ergriffen haben, ist nach und nach jede staatliche und gesellschaftliche Einrichtung aus der Kulturwelt verschwunden, welche auf Erden eine gerechte Ausgleichung entstehender Mißverhältnisse unter den Menschen bezweckte.

Aber gehen wir etwas näher auf die Untersuchung ein, ob überhaupt eine Unsterblichkeit möglich ist. Dieselbe wird uns geschildert als ein Fortbestehen der Einzelseele, nachdem sie im Tode von dem Einzelleibe getrennt ist, der sie erzeugt hat — ein Fortbestehen derselben in einem neuen unsterblichen Leibe. Uebrigens sind die Ansichten hierüber in der christlichen Welt seit Christi Zeit einem sehr bedeutenden Wechsel unterlegen. Die ursprüngliche in den christlichen Urkunden herrschende Ansicht, welche ein Wiederauferstehen im irdischen, unvergänglich gewordenen Fleische annahm, ist längst aufgegeben. Auch der Schauplatz des besseren Lebens, welcher ursprünglich auf einer erneuten, wiedergebornen Erde in Aussicht genommen war, ist längst in unbestimmte höhere Kreise verlegt.

Wir verweisen Diejenigen, welche die Widerlegung des ganzen noch übrigen Unsterblichkeitsglaubens ausführlich behandelt sehen wollen, auf Strauß' Dogmatik. Hier soll uns nur der sittliche Standpunkt in der Frage beschäftigen.

Die Sittlichkeit verlangt, daß jeder Lohn und jede Strafe menschlicher That hinwegfallen, welche nicht durch die That selbst mit sich gebracht werden. Das Gute soll sich selbst und allein belohnen, das Böse soll sich selbst und allein bestrafen. Und zwar deswegen, weil das Gute nicht gethan werden soll um des Lohnes willen, das Böse nicht unterlassen werden soll um der Strafe willen, sondern weil es gut und weil es böse ist.

Und die Menschennatur ist genau so eingerichtet, d. h. sie hat sich selbst im langen Verlaufe sittlicher Selbsterziehung so eingerichtet, daß alles Gute sich selbst ausreichend belohnt, alles Böse sich selbst ausreichend bestraft, und zwar so wirksam, wie keinerlei menschliche Gesetzgebung oder göttliche Veranstaltung, in jenem Leben es könnte. Diese Gerechtigkeit vollzieht sich einerseits im Bewußtsein des Thäters, andererseits in seiner leiblichen Verfassung, außerdem aber noch im Urtheil des besseren Theils der Zeitgenossen und der Nachwelt. Das Bewußtsein, recht gehandelt zu haben, entschädigt für allen Mangel der Anerkennung seitens der Mitwelt, das Bewußtsein, unrecht gehandelt zu haben, peinigt den unentlarvten Missethäter mehr, als der Uneingeweihte glauben kann. Unverdiente Leiden und Entbehrungen geben dem Dulder genügende Kraft zum Ertragen; unverdiente Genüsse und Freuden können gar nicht voll genossen werden. Es giebt keinen Geschmack am Essen und Trinken und an der Ruhe, außer wenn er durch vorherige Arbeit oder Entbehrung erworben ist, und Langeweile, Lebensüberdruß und Gleichgültigkeit am Genuß, sind das unausbleibliche Loos jedes Uebersättigten. Ein Uebermaß von Leiden wie von Freuden verliert seinen Stachel durch Abstumpfung des Gefühls dafür, und dem Zuviel des Genusses insbesondere, folgt unmittelbar der Ekel, oder die Reue, oder Erschöpfung der Lebenskraft. Dauerhafte Gesundheit und hohes Alter sind nie dem Ausschweifenden beschieden, während weiser Lebensgenuß Anwartschaft auf geistige Heiterkeit und leiblichen Genuß bis ins höchste Alter bietet. Wer viel kämpfen und dulden kann, wird sich ohne steten Kampf nicht behaglich fühlen, und wer das nicht kann, aber soll, wird im Wahnsinn, Leichtsinn oder Stumpfsinn sein Loos vergessen. Die feineren Bedürfnisse des Kopfes und Herzens, deren Nichtbefriedigung das furchtbarste Leiden ist, bilden sich bei der vorzugsweise belasteten Mehrzahl der Menschen entweder gar nicht aus — diese behalten, sozusagen, ihre gröberen, fühlloseren Nerven — aber wo sie erwachen, wissen sie aus noch so geringer Befriedigung ihre tröstende, stolze Genugthuung zu schöpfen. Schließlich aber, wenn sie in vielen der Dulder erwacht sind, stürzen sie eine Welt im Kampfe über den Haufen. Wo bliebe der menschliche Fortschritt, wenn nicht der stete Widerspruch der Außenwelt zum Ideal der Denker vorhanden wäre! Diese Denker sind die Allerletzten, welche den Herrgott um Lohn für ihr Guthaben aus dieser Welt in jener anwimmern sollten.

Es fehlt also allerdings zur vollen Selbstbelohnung des Guten und Bösen auf Erden noch Eines: die gerechte Menschengesellschaft, in welcher Verdienst und Genuß sich ins Gleichgewicht setzen. Allein nachdem die sittliche Selbsterziehung der Menschheit soweit gediehen ist — und zwar allen geoffenbarten Religionen zum Trotz —, daß sie schon in beinahe vollem Maße die Selbstvergeltung der That erzielt hat: so kann die Umgestaltung der Gesellschaft im Sinne voller Gerechtigkeit nicht lange mehr auf sich warten lassen. Lohn und Strafe in Religionsdogma sind schon heute in Vergleich zu Lohn und Strafe im Menschenleben, was die Hanswurstkomödie gegenüber dem kunstgerechten Drama ist. Bald genug werden sie belächelnswerthe Einfälle des Kindesgeistes der Menschheit genannt werden.

Welch' beinahe unglaubliche Rohheit liegt darin, daß der „fromme Glaube" für eine zeitweilige Leidenschaft, oder ein kurzdauerndes Laster, oder nur ein einzelnes Verbrechen in diesem Leben als Strafe die ewige Verdammniß im anderen Leben verhängt! Welcher Wahnsinn, daß der regelmäßige Kirchgänger und Buchstabenbekenner, der auf Erden seinen Lohn von der löblichen Gesellschaft, wie sie einmal ist, schon dahin hat, im Himmel auch noch außerdem mit ewiger Seligkeit belohnt werden soll! Welche abscheuliche Verderbniß eines Pfaffengemüths blickt aus dem Glaubenssatz hervor, daß Gott die meisten Menschen von Ewigkeit her ohne ihr Verdienst zu ewigen Höllenqualen, andere wenige ohne ihr Verdienst zu ewiger Himmelsfreude vorausbestimmt habe! Und dennoch war und ist dieser Grundsatz das streng folgerichtige Ergebniß der Lehre von der Offenbarung. In allen diesen Vorstellungen ist keine Spur von Gerechtigkeit.

Gesetzt, es wäre eine Fortdauer nach dem Tode möglich, und ihr Zweck wäre Lohn oder Strafe, so muß beides gerecht sein, wenn das Ganze glaubwürdig sein soll. Nun aber hat auf Erden schon die Menschennatur sich selbst gerecht und genügend belohnt und bestraft, so daß die jenseitige Vergeltung nach beiden Seiten hin zuviel thun, d. h. ungerecht ausfallen würde. Blos in dem Falle, daß die Menschengesellschaft zu der natürlichen Vergeltung noch eine weitere gefügt hätte, und daß ihr Lohn und ihre Strafe in Mißverhältniß zum Verdienste getreten wäre, bliebe dem Jenseits etwas auszugleichen übrig. Für alle hienieden unbestraft gebliebenen Verbrechen und Vergehen würde dort die Strafe, für alle hier unbelohnt gelassenen bürgerlichen Verdienste würde dort der Lohn nachgeholt. Da jedoch der Fall fast alltäglich ist, daß ein und derselbe Mensch in dem einen Falle eine Schuld, im anderen ein Guthaben im Buche des Lebens stehen hat, so müßte Jedermann in die Hölle und auch in den Himmel kommen. Aber wie ist das möglich? Nur so, daß zuerst eine Zeitlang Hölle und dann die ganze Ewigkeit Himmel käme oder umgekehrt. Allein damit hört ja die Ewigkeit des Lohns oder der Strafe auf, welche vorausgesetzt war, und das Mißverständniß wird nur immer schreiender. Verdienstüberschuß, der auch noch so gering wäre, würde nach einem kurzen Aufenthalt in der Hölle mit einer ewigen Himmelsfreude ausgeglichen; Schuldüberschuß, wenn auch noch so gering, würde, nachdem vorher der Geschmack an der ewigen Seligkeit recht geschärft worden wäre, durch hoffnungslose Verdammniß vergolten. Und wenn nun der biblische Wink dabei berücksichtigt wird, daß die Seligen sollen die Qualen der Verdammten mit ansehen können, sowie umgekehrt die in der Hölle

Schmachtenden ihre Qualen durch das Anschauen des Glücks der Seligen verschärft finden: so tritt die bodenlose Ungerechtigkeit, welche dieser ganzen Weltanschauung zu Grunde liegt, in ein abschreckendes Licht.

Sollten wir annehmen, daß Gott selbst solche Ungeheuerlichkeiten zu glauben uns vorgeschrieben habe? — Das wäre Gotteslästerung; wir können uns keinen so ungerechten Gott vorstellen, geschweige denn als heilig anbeten. Wir müssen also annehmen, daß Menschen diesen Glauben erdacht haben, deren Gerechtigkeitssinn noch sehr ärmlich ausgebildet war. Es kann diesen Religionsstiftern nie klar geworden sein, daß jeder Mensch das Geschöpf seiner Zeit und seiner Umgebung ist und daß seine Tugenden wie seine Laster nur zum kleinsten Theile auf seine eigene Rechnung fallen; daß es in der That immer nur Wenigen gelingt, sich zu sittlich freien, voll verantwortlichen Wesen auszubilden, während die Erziehung der großen Mehrzahl zu armselig bleibt, um sie durchaus zurechnungsfähig zu machen. Jene Religionsstifter müssen sehr denkschwach gewesen sein, wenn sie lehrten, daß jede böse That, weil eine Uebertretung göttlicher Gebote, der ewigen Verdammniß werth sei; daß jeder Mensch alle göttlichen Gebote vollständig und mit der rechten Gesinnung beobachten müsse, wenn er nicht dem höllischen Feuer verfallen sein solle; und daß, „weil da kein Unterschied ist, und wir allzumal Sünder sind", Jedermann blos durch die göttliche Begnadigung, Christus zulieb, gerettet werden könne. Alle diese echt christlichen Lehren sind mit allen unseren heutigen Begriffen von Gerechtigkeit im unversöhnlichen Kampfe. Die Menschen sind nach und nach diesen entsetzlichen Vorstellungen entwachsen, ihr sittliches Gefühl ist reiner, edler, folgerechter geworden. Sie haben kaum noch ein Verständniß für jene alten Dichtungen, und selbst die noch theilweis Gläubigen haben längst wenigstens dem Teufel und der Hölle den Abschied gegeben und neigen zu der Annahme, diese beiden Begriffe seien bloße Drohungen oder Warnungen; denn die göttliche Gerechtigkeit werde schließlich doch alle Menschen beseligen. Allein diese Annahme ist ganz gewiß nicht christlich; es hat kein Christ das mindeste Recht, sich aus den Satzungen seines Glaubens diejenigen auszulesen, welche ihm gefallen, und die übrigen zu verwerfen. Der Teufel und die Hölle, die ewige Seligkeit, die nur durch vollkommenen Glauben und durch göttliche Gnade erworben werden kann, und die ewige Verdammniß, welcher alle verfallen sind, soweit sie nicht durch Christi Verdienst gerettet werden, gehören nothwendig zum Christenthume. Das letztere kann man nur entweder ganz annehmen, oder ganz verwerfen; es ist aus einem Stück. Die schließliche Seligkeit Aller ist eine ganz moderne abgeschmackte Erfindung der Halben.

Aber auch sie fällt bei näherer Betrachtung in nichts zusammen. Sie kann nicht mehr den Zweck haben, welchen die echtchristliche Seligkeit hat, daß nämlich die Seligen als Engel Gott in alle Ewigkeit lobsingen und ihn preisen. Diese langweilige Seligkeit wäre in der That unausstehlich. Man hat deshalb einen anderen Zweck erdacht, den der unendlichen Weiterentwicklung. Wir sollen, so heißt es, wachsen an der Erkenntniß des Weltalls und Gottes und an Tugend, indem wir unter höhere und höhere Bedingungen der Entwicklung versetzt werden. Also ein Zugeständniß an die neuere Wissenschaft, in welcher die Entwicklung die Hauptrolle spielt. Nur schade, daß der Leib, dessen Blüthe die Seele ist, verwesen und dahinten bleiben muß. Nach menschlichen Begriffen aber — und andere haben wir nicht — ist die Seele an den Leib gebunden, der sie zur Blüthe gebracht hat, und es fehlt uns alle und jede Erfahrung davon, ob eine Seele ihren Leib verlassen und sich mit einem andern verbinden könne. Es ist dies sogar mit allen unseren Erfahrungen im Widerspruch. Denn jeder neue Leib müßte seine eigene Seele erzeugen, könnte also keine fremde beherbergen. Die Vorstellung von einer Seele als etwas Besonderem, vom Leibe Verschiedenem, ist überhaupt ganz aufzugeben. Dieser Ausdruck ist entweder gleichbedeutend mit Leben, oder mit Geist, und in beiden Fällen überflüssig; die Wissenschaft spricht deshalb blos noch vom Körper und vom Geiste des Menschen; und eine Möglichkeit, daß diese beiden sich von einander trennen, ist ihr ganz undenkbar. Sie weiß, daß beide mit einander wachsen und abnehmen, erkranken und gesunden, daß eines auf Kosten des andern überwiegen und das gesetzmäßige Verhältniß beider stören kann, und daß selbst im Schlafe nicht der Geist vom Körper unabhängig wird, oder umgekehrt, sondern daß nur eine einzige der geistigen Thätigkeitsweisen, das Selbstbewußtsein, ruht, eben damit der Körper völlig ausruhen könne. Die Wissenschaft heilt geistige Krankheiten, indem sie auf den Körper einwirkt, der immer irgendwie gleichzeitig erkrankt ist; sie vermag ein Stück des Gehirns wegzuschneiden, ohne daß nothwendig das Leben erlischt, dabei schneidet sie aber gleichzeitig eine bestimmte geistige Kraft mit hinweg, welche in diesem Theile ihren Hauptsitz hat. Kurz, wieviel ihr auch noch von den Thätigkeitsweisen des Geistes und seines Organs im Gehirn unbekannt sein mag — das Eine weiß sie ganz gewiß, daß mit dem Körper sein Geist stirbt und als Einzelgeist, als besonders geistiges Wesen, nicht fortbestehen kann.

Ob seine Errungenschaften an Wissen, Denkkraft und Können damit dem All verloren gehen oder in einem Gesammtgeiste erhalten bleiben, davon werden die Menschen nun und nimmer etwas wissen, und das kann ihnen im Grunde ganz einerlei sein. Denn ihr ganzes Interesse an der Unsterblichkeit hängt ja blos an der persönlichen Fortdauer, am Bewahren ihres Selbst in alle Ewigkeit. Wenn es damit nichts ist, so werden sie mit demselben Gleichmuth, mit welchem sie sich in den Gedanken fügen, ihren Leichnam an die Stoffe des Weltalls zurückgeben zu müssen, auch mit der Nothwendigkeit sich versöhnen, ihren aufgespeicherten geistigen Schatz an die geistige Erbschaftsmasse des All zu verlieren, ohne daß eine Spur ihres Selbstbewußtseins zurückbliebe.

Und nicht eher, als bis der Unsterblichkeitsglaube bei Allen dahingefallen ist, wird Jeder das einzig wirkliche Leben recht benutzen, seine ganze Pflicht erfüllen, seine wahre Seligkeit genießen.

Die menschliche Willensfreiheit.

Von der ganzen alten Dogmatik und den weitläufigen Bekenntnißschriften einer dunklen Vergangenheit war neuerdings im Glauben der einigermaßen denkfähigen Menschen nichts übrig geblieben als die drei Worte: Gott, Unsterblichkeit und Freiheit. Wer nur an diese drei Worte glaubte — er mochte sich übrigens dabei denken, was ihm beliebte — der war ein wahrer Gläubiger und Mensch, mochte er sich einen Juden, Christen, Mohamedaner oder Heiden nennen, und wer nach diesen Grundwahrheiten lebte, der war ein Bruder und gleichberechtigt.

Allein auch diese drei Worte sind im Fortschritt der Erkenntniß bedeutungslos geworden. Wir haben dies blos noch am Begriff der menschlichen Willensfreiheit nachzuweisen. Wir werden finden, daß es zwar eine solche giebt, aber daß sie etwas ganz Anderes bedeutet, als man sonst annahm, so daß man sie ebenso gut auch mit einem ganz andern, ja gegentheiligen Namen benennen darf.

Ueber diesen abstrakten Begriff der Freiheit haben viele der scharfsinnigsten Männer dicke Bücher geschrieben und doch das Wesen der Sache im Halbdunkel gelassen. Wir wollen das letztere jedem Denkenden in wenig Worten vollkommen klar machen.

Der Mensch ist so organisirt, d. h. er hat sich im Verlauf seiner Geschichte so entwickelt, daß er sich nothwendig einbildet, jede seiner Thaten, zu welcher er nicht geradezu gezwungen ist, sei seine eigene freigewollte That, welche er ebenso gut auch hätte unterlassen, oder mit ihrem Gegentheil, oder einer noch andern vertauschen können, und daß er sich dafür Verdienst oder Schuld anrechnet. Diese Anrechnung nennen wir Gewissen.

Diese Einbildung ist deswegen nothwendig, weil der Mensch ein selbstbewußtes Wesen ist, welches weiß, oder doch in der Regel wissen kann, was es zu thun willens ist und sich vom sittlichen Werth seiner Handlungen Begriffe, und für sein gesammtes Handeln Gesetze bilden kann. Es geht also jede seiner Handlungen, wenn dazu Zeit genug vorhanden ist und äußerer Zwang fern bleibt, durch sein Selbstbewußtsein hindurch und wird von einer sittlichen Beurtheilung begleitet. Das Leben hätte gar keinen Reiz für ihn, wenn er sich seine Thaten zurechnen könnte. Der Sklave, welcher immer nur seines Herrn Gebot ausführen muß, verliert ebendeshalb alle Selbstachtung und fühlt sich dem Thiere gleichgesetzt. Der Mensch muß also aus Liebe zum Leben, zu sich selbst und seiner Würde, sich jede seiner Thaten als seine That lobend oder tadelnd zurechnen, weil er sie selbstbewußt gewollt hat. Er muß dies, selbst nachdem er genau kennen gelernt hat, daß er fürwahr nur einen verschwindend geringen Antheil an jeder seiner Handlungen hat.

Daß seine Freiheit wirklich eingebildet ist, geht daraus hervor, daß er nichts dafür kann, von wem er geboren und erzogen, mit welchen Anlagen er ausgestattet, welche Möglichkeit der Entwicklung seiner Willenskraft in ihn gesetzt ist bis dahin, wenn er selbstbewußt zu handeln anfängt; daß er ferner, auch nachdem er sich zurechnungsfähig zu glauben begonnen hat, mit höchst seltenen Ausnahmen, sich nicht über die sittlichen Begriffe seines Zeitalters, Volkes, Standes, Berufs, angelernten Glaubens ꝛc. erheben kann, und daß daher seine Willenskraft allein nie die erforderliche Stärke erlangt, um alle seine selbstgegebenen sittlichen Gesetze auszuführen, was die ganze Welt anerkennt, indem sie sagt, jeder Mensch habe seine Fehler, keiner sei sittlich vollkommen.

Seitdem wir eine Wissenschaft der Statistik haben, ist dies noch viel klarer geworden, als vorher. Wir wissen jetzt, daß die Zahl der Selbstmorde nicht blos vom freien Entschlusse, sondern von Umständen abhängt, welche außer der Macht des Einzelnen liegen; daß sie innerhalb jedes Volkes sich jahraus jahrein nahezu gleich bleibt, obschon sie im Ganzen langsam zu- oder abnehmen mag; daß jeder Moment seine nahezu bestimmbare Zahl von Selbstmorden aufweist, ja sogar von solchen, die mit Waffen, oder durch Erhängen, Ersäufen ꝛc. ins Werk gerichtet werden. So wechselt innerhalb eines Jahres die Zahl der Geburten sehr wenig, und darunter ebenso die der blind, taub, blödsinnig Geborenen. Die Zahl der Eheschließungen hängt von den Brotpreisen ab, nimmt zu in billigen, ab in theuren Zeiten. Die Zahl der Briefe, welche ohne Aufschrift auf die Post gegeben werden, trägt immer ein nahezu gleichbleibendes Verhältniß zur Gesammtzahl der Briefe, oder aber zur Bevölkerungszahl. Ja, es giebt eine bestimmbare Zahl von Diebstählen und anderen Verbrechen, und in London besteht eine Versicherungsanstalt für Kaufmannsdiener, in welche diese oder ihre Arbeitgeber steuern, um die Letzteren für Unterschlagungen der Ersteren zu entschädigen. Wenn eherne Gesetze so tief in das Gebiet menschlicher Handlungen eingreifen, welche der Willensfreiheit zu entstammen scheinen; ja, wenn die neuere Geschichtsforschung überzeugend darthut, daß alle geschichtliche Entwicklung der Menschheit und der einzelnen Völker aus Gesetzen erklärt werden kann, welche sich wie alle Naturgesetze unbekümmert um den Einzelnen vollziehen, — wo bleibt da die Willensfreiheit?

Der einzige Unterschied zwischen den Naturgesetzen, welche in der Entwicklung der übrigen Natur, und denen, welche in der Menschennatur sich mit Nothwendigkeit vollziehen, ist dieser, daß der Mensch von ihnen weiß, sie als seine eigenen Gesetze annehmen oder aber verleugnen und verachten kann, ohne daß er deshalb ihrer Herrschaft entflieht. Dieses Wissen giebt einzelnen ausgezeichnet beanlagten Menschen eine solche Entwicklung der Willenskraft, daß sie durch ihre Erkenntnisse und sittlichen Gesetze die Mitwelt eine Stufe höher heben können, bis zuletzt, wenn die Zahl solcher ausgezeichneten Menschen zunimmt, die Völker fortschrittsfähig werden, d. h. sich Einrichtungen schaffen, durch welche die ganze Menschheit vorwärts gedrängt wird, ihre angeborene Trägheit durch neue Bedürfnisse überwunden, ihr Fortschritt durch die selbstgeschaffene Noth erzwungen wird.

Dadurch aber wird allerdings die menschliche Freiheit eine edlere, höhere, als die in der übrigen Natur vorfindliche. Ebenso gut freilich könnten wir sagen: die Nothwendigkeit, die Gesetzlichkeit, nach welcher Mensch und Nichtmensch sich entwickeln, sei verschieden, sei im Falle des Menschen eine scheinbar freiere, weniger gezwungene, mehr aus ihm selbst hervorgegangene. Man sieht, wie auf den abstrakten Ausdruck so wenig ankommt, daß die beiden Gegensätze Freiheit und Nothwendigkeit in der That dasselbe bezeichnen.

Es giebt eine Stufenleiter der Freiheit, oder — was ebenso viel ist — einen Fortschritt in der Natur. Die Weltkörper sind auf strenge Bahnen angewiesen, und das Ich jedes einzelnen kann sich nur als gesonderte Masse geltend machen, steht ausschließlich unter der Herrschaft der allgemeinen Naturgesetze. Schon mehr Spielraum für seine Individualität hat das Mineral und alle unorganischen Körper, welche außer den allgemeinen Naturgesetzen anderen folgen, indem sie sich nach den Gesetzen der chemischen Verwandtschaft trennen und verbinden und dadurch charakteristische Eigenthümlichkeiten erwerben. Noch mehr Spielraum hat die Pflanze, welche den Chemismus vermannigfacht und sich auf Kosten unorganischer Masse vergrößert und fortpflanzt, durch den Zutritt neuer Gesetze eine Menge neuer Eigenthümlichkeiten sich aneignend. Noch mehr Spielraum hat das Thier, bei welchem neue Gesetze auftreten, welche ihm eigene Bewegung und Sinnesempfindung gestatten. Am weitesten ist der Spielraum des Menschen, der die Naturgesetze als sein eigen erkennt, indem er von sich selbst weiß und sich selbst erkennt. Wir können uns ohne Einspruch seitens der Wissenschaft vorstellen, daß der Spielraum auf der Stufenleiter der Wesen wächst, je mehr es Gesetze werden, welche einander gegenseitig beschränken, gerade wie mit der Anzahl der Tyrannen der Spielraum des Unterthanen wächst, weil jene sich gegenseitig etwas beschränken. Somit bleibt jedes Natur-Individuum im Kerker der Naturgesetze, nur wird der Kerker vom Mineral aufwärts immer weiter, bis der Mensch zuletzt gar nicht mehr die Stäbe des Gitters sieht, ja sich darin ganz wohl fühlt. — Dies ist natürlich nur ein Bild, aus welchem nichts gefolgert werden darf — es soll keine wissenschaftliche Erklärung sein; aber es ist streng bezeichnend.

Bei weitem die meisten Menschen bleiben reine Naturwesen, ohne vom eigentlichen Menschenwesen mehr als die ihnen von Voreltern überlieferten besonderen Fähigkeiten und Fertigkeiten zu entwickeln. Von den Urvölkern, den Wilden und Halbwilden gilt dies selbstverständlich. Erfindungen und Entdeckungen der einfachsten Art werden nach und nach von ihnen gemacht, gerade wie deren auch von den begabteren Thieren gemacht werden, und durch deren

Anwendung und stete Vererbung auf die Nachkommen steigert sich die geistige Anlage, sich veredelnd auf Grund verbesserter leiblicher Organisation. Auch das Entstehen der ersten menschlichen Gesellschaft ist nur eine Wiederholung derjenigen, welche bei gescheuteren Thieren vorkommen. Innerhalb der menschlichen Gesellschaft entwickelt sich aber nun das Gesetz, das immer von den geistig Stärksten erdacht wird; und das Gesetz muß natürlich den Menschen als freies Wesen behandeln, der für die Nichtachtung des Gebotes bestraft, für dessen Befolgung belohnt wird, damit der Zweck und Nutzen der Gesellschaft für Jeden sich verwirkliche. So entsteht durch die Gesellschaft der Glaube des Menschen an seine Freiheit. Sie kann ohne denselben nicht bestehen; alle Gesetzgebung muß nothwendig den Menschen als gesellschaftliches Wesen voraussetzen, d. h. ihm eine sogenannte Willensfreiheit andichten, und er muß sich deren Nachtheile gefallen lassen (Verurtheilung, Strafe, Steuer an Gut und Leben), weil er deren Vortheile beansprucht und genießt (Schutz, Erziehung, Gerechtigkeit). Und in der That wird er gradweise freier, d. h. weniger von der blinden Naturgewalt und von der rohen Gewalt seines Gleichen abhängig; er kann sich menschlicher entwickeln, rascher fortschreiten, indem er die geistige Erbschaft aller vorangegangenen Geschlechter mitgenießt. Außerdem entwickelt sich an seinem Widerspruch gegen das Gesetz, das mitunter seinen Vortheil verletzt, das eigene sittliche Denken, welches durch das Familienleben noch befördert wird. Leider aber erfüllt der Kampf der Völker um das Dasein die ganze Geschichte und wird schuld daran, daß die Willenskraft des Einzelnen blos zu kriegerischen Zwecken, also einseitig und nicht zugleich im Dienste geistiger Vervollkommnung ausgebildet wird. Es verharret also auch in der Gesellschaft bis auf die Gegenwart herab die große Mehrzahl der Menschen im Zustande der Natürlichkeit. Die kleine Minderheit, welche im Widerspruch zu den bestehenden unmenschlichen Einrichtungen tiefer Denken und sittlicher Wollen lernt, lernt nicht ebenso kräftig das sittliche Können, weil sie dabei sich in erbitterten Kampf mit der Umgebung setzen muß.

Selbst die edelsten Gemüther — ja sie am offensten — werden eingestehen, daß sie nothwendig handeln, wenn sie im vollen Einklange mit ihren sittlichen Begriffen handeln, d. h. daß es ihnen zur andern Natur geworden ist, wahr zu reden, gerecht und billig zu urtheilen, standhaft und aufrichtig zu handeln; und daß sie zu schwach gewesen sind, wo sie nach ihrer Einsicht gefehlt haben.

Zu schwach, d. h. nicht im Augenblicklichen, oder überhaupt gar nicht im Besitz der nöthigen Kraft zum Rechtthun; also auch hier nothwendig. Das ist für sie allerdings keine Entschuldigung — deren werden sie sich schämen. Sie wissen recht wohl, daß Vollkommenheit, wie sie sich dieselbe denken und vornehmen, dem beschränkten Menschen unmöglich ist; aber sie wissen ebenso gut, daß sie nach steter Vervollkommnung ohne Rast streben müssen, weil der Mensch nur als Fortschrittswesen ein wahrer Mensch ist, und daß sie sich ihre Thaten im Gewissen anrechnen müssen.

Die Sittlichkeit wird also nicht beeinträchtigt dadurch, daß die Leute ihre Willensfreiheit als Einbildung erkennen; denn sie sind durch ihre Fortschrittsnatur genöthigt, nach steter Vervollkommnung zu streben. Sie wird vielmehr befördert, indem die Einsicht sich geltend macht, daß die Gesellschaft sich vervollkommnen müsse, wenn der Einzelne sich fort und fort vervollkomme, wenn seine Willenskraft in jeder Richtung herangezogen werden soll. So werden nach und nach barbarische Gesetze abgeschafft, welche im Volke Unbilligkeit, Grausamkeit, ja Blutdurst groß zogen; es werden unmenschliche Vorurtheile entwurzelt, wie die des Adelswesens, des Kasten- und Klassengeistes, durch welche das menschliche Mitgefühl erstickt wurde; die Strafe wird nicht mehr als Vergeltung in einer Weise geübt, welche alles Gerechtigkeitsgefühl empörte, oder aber ausrottete, sondern als bloße Unschädlichmachung in immer milderer Form. So muß die Humanisirung der Gesellschaft eben dadurch fortschreiten, daß allgemeiner eingesehen wird, der Einzelne sei viel weniger als die Gesellschaft für alles Elend, Unrecht, Verbrechen und Laster verantwortlich zu machen, welches in ihr vorkommt.

So hört allmälig die Barbarei unter den Menschen auf, welche wesentlich darin besteht, daß man den Starken (Gott, Fürsten, Staat, Kirche, Bourgeoisie) Alles nachsieht, Alles verzeiht, alle Pflichten erläßt und den Schwachen, den vom Zufall Unbegünstigten Alles aufbürdet, nichts verzeiht, nichts zu schwer findet. Die Religion, welche ihrem Gotte, dem Allmächtigen, gar keine Pflichten zumuthet, da er sich seine Würde nicht durch Arbeit, Kampf und Leiden zu verdienen braucht, während er von den endlichen, schwachen Menschen bei Strafe ewiger Verdammniß schlechthin sittliche Vollkommenheit verlangt; die Monarchie, deren Herrscher über dem Gesetze steht und zum Throne geboren wird, mag er dessen auch noch so unwürdig sein, während die Unterthanen ihn in Macht und Herrlichkeit erhalten müssen und ihre Verdienste auf Rechnung seiner Verwaltung gesetzt werden; der Staat, dem jeder Einzelne auf Verlangen sein Alles opfern muß, während der Einzelne ihm gegenüber nur auf Almosen und höchstens soviel Gerechtigkeit Anspruch hat, als er ertrotzen kann; die Kirche, welche nur nimmt und nicht giebt und für alle Laster und alles Unrecht der Mächtigen blind ist, das sie vielmehr mit dem Namen Gottes deckt; die Bourgeoisie, welche den Zufall der Geburt und Erziehung zum heiligen Naturgesetze stempelt und durch Menschengesetze ausbeutet, die den Reichen, Gebildeten und Mächtigen immer noch reicher, gebildeter und mächtiger machen, während alle Lasten dem arbeitenden Volke aufgehalst werden; alles dieses ist aus einem Stücke*— und das Ganze ist ein Zerrbild des Rechtes, die Barbarei im heuchlerischen Prachtgewande der Zivilisation.

Wenn man also den Mensch frei nennen will, so darf man dies denkrichtigerweise nur, sobald man hinzuversteht, daß er durchaus unter der Herrschaft der Naturgesetze bleibt, welche durch Gesetze der Menschennatur allerdings eingeschränkt und abgeändert sind, so aber, daß er über sie nicht hinaus kann. Und jeder Einzelne ist frei, insoweit er die Naturgesetze, welche in ihm wirken, auf eine höhere Stufe erhebt.

Das geschieht seitens jener Blutzeugen des Fortschritts, welche verkannte Wahrheiten auf Kosten ihrer Besitzthümer, ihrer Ruhe, ihres Lebens zur Anerkennung bringen. Das geschieht bei jeder treuen, ausdauernden Pflichterfüllung, welcher kein irdischer Lohn winkt. Das geschieht, wenn der sich selbst Erziehende seine Willenskraft in Versuchungen aller Art stärkt und zum Siege, zur immer vollständigeren Selbstbeherrschung gegenüber seinen Leidenschaften und Lüsten führt, so daß er jeden Augenblick sich im Zaume halten kann. Das geschieht vor Allen von Demjenigen, welcher von der Gesellschaft nicht mehr Genüsse annimmt, als er durch redliche Arbeit wirklich verdient hat, durch redliche Arbeit für sich und solche Unglückliche, welche nicht selbst sich erhalten können, und welcher durch sein Beispiel freiwilliger Armuth der Gesellschaft den Spiegel der Beschämung vorhält.

Der aber ist gewiß kein freier Mensch, welcher von der Gesellschaft mehr nimmt, als er ihr giebt; welcher es für sein gutes Recht hält, durch Gewalt oder List, wenn auch unter dem Schutz der Gesetze, alle Genüsse aus ihr herauszuschlagen, welche er erlangen kann, und alle Gegendienste ihr zu verweigern, welche sie ihm nicht abtrotzt. Wer Sklaven bedarf, um leben zu können, wer unvergütete Arbeit Anderer beansprucht, um zu bestehen, wer sich mit seiner Pflicht gegen die Gesellschaft abgefunden zu haben glaubt, wenn er von dem unter dem Schutze des Gesetzes ihr Entwendeten ein Scherflein als Almosen spendet, um sich obendrein als Wohlthäter der Menschheit verewigen zu lassen: der ist ein Sklave am Geist, kein freier Mann, der hat keinen berechtigten Stolz.

Die bestehenden Moralsysteme sind alle nicht erhaben genug, sind nicht im Sinne der fortgeschrittenen Wissenschaft. Die Sittlichkeit der Sozialdemokraten soll edler und vor Allem wirksamer sein, als die von jeder bestehenden Religion gepredigte. Sie verlangt die Gerechtigkeit in allen Lebensgebieten verwirklicht; sie verlangt, daß Jeder für Alle stehen solle, und Alle für Jeden, nicht blos mit frommen Wünschen und Gebeten, sondern mit thatkräftiger Ausführung allgerechter Gesetze; denn wie aller Reichthum, alle Bildung, alle Macht nur erlangt und besessen wird auf Kosten der ganzen Gesellschaft, so soll jedes Mitglied derselben gleichberechtigt an allen ihren Gütern sein, und zumeist an den allerbesten, den geistigen. Vorher aber gleichverpflichtet, ihre Güter fort und fort vermehren und veredeln zu helfen, damit der Fortschritt, d. h. die Freiheit andaure. Die Sittlichkeit der Sozialdemokraten verlangt, daß Keiner sich für etwas Besseres halte als die Anderen, weil ihm ein Zufall der Geburt und Erziehung oder der Gesetzgebung mehr Güter in den Schooß wirft; sie verlangt, daß er wisse und bekenne, wie ohnmächtig er ohne die unvergüteten Dienste Anderer sein würde, und daß er an der Abschaffung unmenschlicher Einrichtungen, welche dies verschulden, mitarbeitet. Sie verlangt aber auch von dem, der unter dem Gesetze ausgebeutet wird, daß er die Sklavennatur ablege, sich als gleichberechtigtes Glied der Gesellschaft fühle und als Bekehrer seiner Mitarbeiter wirke, auf daß die Gesetzgebung das Allen gleiche Recht und die Allen gleiche Pflicht in Wirklichkeit überführe.

Denn noch immer herrscht das Recht des Stärkeren in der Gesellschaft, wenn auch unter der Verkleidung des Gesetzes. Unsere Staaten sind nicht einen Schritt über den Standpunkt des Raubthieres hinaus, außer insoweit sie einen Theil der Wunden, welche sie geschlagen, angeblich aus Barmherzigkeit wieder nothdürftig heilen, in der That aber, damit die Heerde, von der sie leben, sich nicht verblute. Und so lange dieses barbarische Beispiel von oben herab gegeben, und obendrein als patriotische Tugend, religiöse Pflicht, kulturgeschichtliche Aufgabe und unter anderen Heuchel= namen verherrlicht wird, soll man sich nicht wundern, wenn das Gift sittlicher Verderbniß sich immer tiefer in die Massen einfrißt. Man soll vielmehr die noch übrige Freiheitskraft bewundern, mit welcher die in der Erziehung verwahrlosten Klassen nach menschen= würdigeren Zuständen streben. Wenn Diogenes heute wieder mit der Laterne nach Menschen suchte, er würde sie wieder wie damals nur unter den Leidträgern der Gesellschaft finden.

Antwort an den Bekenner des Theismus.*)

Der Bekenner des Theismus im Sprechsaal der „Konkordia", welcher meine Herausforderung angenommen hat, bringt seine erste Entgegnung in den Nummern 18—19 des Jahrgangs 1875.

Wollte ich dieser Entgegnung Satz für Satz folgen, wie es eine genaue Widerlegung verlangt, so würde dies bei der Länge derselben ein Büchlein erfordern, so daß weder der „Volksstaat" den Raum dazu gewähren könnte, noch seine Leser die von Nummer zu Nummer gespannte Aufmerksamkeit und Erinnerung an das Vorhergegangene aufbieten könnten, um zu verstehen, worum es sich überall handelt. Ich muß mich streng auf das Nothwendigste der Verhandlung beschränken, damit sie für Diejenigen vollkommen klar werde, welche gelehrten Tifteleien in größerer Ausdehnung nicht folgen können und doch das größte Interesse an dem Verständniß unserer wichtigen — der allerwichtigsten Streitfrage haben, die es überhaupt geben kann.

Ich hatte in meinem „ABC des Wissens" ꝛc. behauptet, daß, wenn es einen Gott gebe, dieser dafür gesorgt habe, daß wir von ihm nichts wissen können, also nicht wolle, daß wir uns um ihn im mindesten kümmern sollen, sondern vielmehr leben sollten, als wenn es keinen gebe. Dies ist, was der Gegner bestreitet.

Machen wir uns zuvörderst klar, was mein Satz bedeutet. Ich hatte 1. keineswegs behauptet, es gebe keinen Gott. Im Gegentheil hatte ich am Schluß meiner letzten Einsendung (Nr. 149 des „Volksstaat" 1874) ausdrücklich erklärt, daß an dem Vorhandensein eines Absoluten oder Unbedingten, oder Unendlichen, welches allem Endlichen zu Grunde liege, vernünftigerweise ein Zweifel nicht obwalten könne. Ich hatte dagegen 2. erklärt, daß das, was gewöhnlich

---

*) Gegen die im „Volksstaat" 1874 erschienenen Aufsätze „ABC des Wissens" hatte im „kathedersozialistischen" Fabrikantenorgan „Konkordia" ein Ungenannter eine Serie von Artikeln zur Widerlegung veröffentlicht. Gegen diese Artikel richtet sich die „Antwort an den Bekenner des Theismus".

Gott genannt werde, also ein mehr oder weniger menschenähnlich gedachtes Wesen, welches Schöpfer des Alles, Weltenlenker, ein liebender Vater aller Wesen sei, welches unsere Gebete erhöre, sich uns offenbare, seinen Willen uns zum Gesetz mache, und in dessen Namen man uns schwere Bürden auferlege, allerdings im Widerspruch mit allen unseren festgestellten Erkenntnissen sei. Ich hatte 3. auseinandergesetzt, daß Alles, was man aus dem Vorhandensein eines Absoluten folgern wolle, uns in unauflösliche Widersprüche verwickele, weil unser Erkenntnißvermögen so eingerichtet sei, daß wir nichts Uebersinnliches erkennen können. 4. Daraus hatte ich gefolgert, daß der angebliche Einrichter unseres Erkenntnißvermögens nicht gewollt haben könne, daß wir uns um ihn kümmern sollten. Denn bei seiner vorausgesetzten Allmacht hätte er sich uns offenbaren können; bei seiner vorausgesetzten Weisheit und Vaterliebe hätte er unserer Sehnsucht nach ihm eine Offenbarung gewähren müssen. Solch eine allen Menschen zugängliche Offenbarung gebe es aber schlechterdings nicht.

Mein Gegner bestreitet die Sätze 1 und 3, soviel ich sehen kann, gar nicht, wohl aber die Sätze 2 und 4, und versucht den Gegenbeweis. Im Wesentlichen ist es nur ein Argument, dessen er sich hierzu bedient, und welches er von Kant entlehnt, weil ich selbst mich (allerdings blos nebenher) auf diesen „besonnensten aller Philosophen" berufen hatte.

Ich kann nicht umhin, die ganze Stelle aus Kant's „Kritik der reinen Vernunft", welche der Gegner anführt, ebenfalls hierher zu setzen und meine Widerlegung an dieselbe zu knüpfen, nicht nur weil sie den Hauptgedankengang des Gegners enthält, sondern weil dieser durchblicken läßt, ich hätte nicht ehrlich gehandelt, wenn ich meinen Lesern den Glauben beibringe, Kant sei ein Atheist in meinem Sinne gewesen. Da ich von Kant nur nebenbei sprach, und da größte Kürze bei meiner Auseinandersetzung geboten war, so hatte ich allerdings nicht für nöthig gehalten, meine Leser wissen zu lassen, daß dieser kritische Vernichter aller Beweise für Gottes Dasein den Gottesbegriff zur Hinterthür wieder hereingelassen hat, wie es vor hundert Jahren ganz natürlich war. Ich bitte die Leser, ja recht aufmerksam und wiederholt zu lesen, was Kant sagt:

„Wenn die menschliche Natur zum höchsten Gute zu streben bestimmt ist, so muß auch das Maß ihrer Erkenntnißvermögen, vornehmlich ihr Verhältniß unter einander, als zu diesem Zwecke schicklich angenommen werden. Nun beweiset aber die Kritik der reinen spekulativen Vernunft die größte Unzulänglichkeit derselben, um die wichtigsten Aufgaben, die ihr vorgelegt werden, dem Zwecke angemessen aufzulösen, ob sie zwar die natürlichen und nicht zu übersehenden Winke eben derselben Vernunft, ingleichen die großen Schritte, die sie thun kann, nicht verkennt, um sich diesem großen Ziele, das ihr ausgesteckt ist, zu nähern, aber doch ohne es jemals für sich selbst sogar mit Beihülfe der größten Naturkenntniß zu erreichen. Also scheint die Natur hier uns nur stiefmütterlich mit einem zu unserem Zwecke benöthigten Vermögen versorgt zu haben.

„Gesetzt nun, sie wäre hierin unserem Wunsche willfährig gewesen, und hätte uns diese Einsichtsfähigkeit oder Erleuchtung ertheilt, die wir gerne besitzen möchten, oder in deren Besitz einige wohl gar wähnen sich wirklich zu befinden, was würde allem Ansehen nach wohl die Folge davon sein? Wofern nicht zugleich unsere ganze Natur umgeändert wäre, so würden die Neigungen, die doch allemal das erste Wort haben, zuerst ihre Befriedigung und, mit vernünftiger Ueberlegung verbunden, ihre größtmögliche und dauernde Befriedigung unter dem Namen der Glückseligkeit verlangen; das moralische Gesetz würde nachher sprechen, um jene in ihren geziemenden Schranken zu halten und sogar sie alle insgesammt einem höheren, auf keine Neigung Rücksicht nehmenden Zwecke zu unterwerfen. Aber statt des Streites, den jetzt die moralische Gesinnung mit den Neigungen zu führen hat, in welchem nach einigen Niederlagen doch allmählig moralische Stärke der Seele zu erwerben ist, würden Gott und Ewigkeit mit ihrer furchtbaren Majestät uns unabläßig vor Augen liegen (denn was wir vollkommen beweisen können, gilt in Ansehung der Gewißheit uns soviel, als wovon wir uns durch den Augenschein versichern). Die Uebertretung des Gesetzes würde freilich vermieden, das Gebotene gethan werden; weil aber die Gesinnung, aus welcher Handlungen geschehen sollen, durch kein Gebot mit eingeflößt werden kann, der Stachel der Thätigkeit hier aber sogleich bei der Hand und äußerlich ist, die Vernunft also sich nicht allererst emporarbeiten darf, um Kraft zum Widerstande gegen Neigungen durch lebendige Darstellung der Würde des Gesetzes zu sammeln, so würden die mehrsten gesetzmäßigen Handlungen aus Furcht, nur wenige aus Hoffnung, und gar keine aus Pflicht geschehen, ein moralischer Werth der Handlungen aber, worauf doch allein der Werth der Person, und selbst der der Welt in den Augen der höchsten Weisheit ankommt, würde gar nicht existiren. Das Verhalten der Menschen, so lange ihre Natur, wie sie jetzt ist, bliebe, würde also in einen bloßen Mechanismus verwandelt werden, wo wie im Marionettenspiel alles gut gestikuliren, aber in den Figuren doch kein Leben anzutreffen sein würde. Nun, da es mit uns ganz anders beschaffen ist, da wir mit aller Anstrengung unserer Vernunft nur eine sehr dunkle und zweideutige Aussicht in die Zukunft haben, der Weltregierer uns sein Dasein und seine Herrlichkeit nur muthmaßen, nicht erblicken, oder klar beweisen läßt, dagegen das moralische Gesetz in uns, ohne uns etwas mit Sicherheit zu verheißen oder zu drohen, von uns uneigennützige Achtung fordert, übrigens aber, wenn diese Achtung thätig und herrschend geworden, allererst alsdann und nur dadurch Aussichten ins Reich des Uebersinnlichen, aber auch nur mit schwachen Blicken erlaubt: so kann wahrhaft sittliche, dem Gesetze unmittelbar geweihte Gesinnung stattfinden, und das vernünftige Geschöpf des Antheils am höchsten Gute würdig werden, das dem moralischen Werthe seiner Person, und nicht blos seinen Handlungen angemessen ist. Also möchte es auch hier wohl damit seine Richtigkeit haben, was uns das Studium der Natur und des Menschen sonst hinreichend lehrt, daß die unerforschliche Weisheit, durch die wir existiren, nicht minder verehrungswürdig ist in dem, was sie uns versagte, als in dem, was sie uns zu Theil werden ließ."

Soweit Kant. Man sieht, daß dieser durch seine sittliche Begeisterung und kritische Schärfe bedeutendste und wirkungsreichste aller Philosophen nicht auf Seiten meines Gegners steht, sondern auf der meinigen. Denn der verblaßte Schatten eines Gottes, den er noch aufrecht erhält, hat mit dem gewöhnlichen Gottesbegriffe so wenig gemein, daß wir ihn ohne Heuchelei ebenfalls bekennen könnten. Dieser Gott der Philosophen ist ebensogut als der meinige der Todfeind aller Offenbarung. Er mag, er darf sich und seinen Willen den Menschen nicht offenbaren, um ihre sittliche Freiheit nicht zu zerstören, um sie nicht zu „Marionetten", ihre Handlungsweise nicht zu einem „Mechanismus" zu machen und alles moralischen Werthes (der bei Kant mit „Werth der Welt" gleichbedeutet) zu berauben. Wenn der Kant'sche Gott nicht einmal eine natürliche Offenbarung gestatten kann, die durch menschliche Vernunft entstünde, ohne unsere Freiheit, also unseren ganzen moralischen Werth zu zerstören: wie viel weniger kann er eine übernatürliche durch einen Gottessohn und sein geschriebenes Evangelium gestatten, welche durch Priester ausgelegt, und deren Wohlthat durch Glauben von vornherein erkauft werden muß! Wie kann ein gläubiger Christ, welcher ja doch mein Gegner sein will, diese Kant'sche Stelle für sich ins Feld führen wollen! Aus Stellen wie diese ergiebt sich, daß Kant, wenn er später in seiner „Kritik der praktischen Vernunft" (um die Anklage des Atheismus von sich abzuwehren, die seinem folgerechtesten Schüler Fichte so nachtheilig wurde), den Gottesbegriff für nothwendig erklärt, um einen Stifter einer sittlichen Weltordnung und eine Stütze für unsere Sittlichkeit zu haben, — daß Kant nicht über den Gesichtskreis seiner Zeitgenossen hinaus konnte.

Denn Kant irrt in Obigem, wenn er im Interesse der menschlichen Willensfreiheit es weise eingerichtet findet, daß Gott uns seines Daseins und Willens nicht gewiß gemacht habe. Denn daraus würde mit unerbittlicher Nothwendigkeit folgen, daß er auch das Entstehen jeder angeblich geoffenbarten Religion hätte verhüten müssen. Diese legt ja der Freiheit einen vernichtenden Zwang auf. Der Offenbarungsgläubige glaubt viel eher dem, was ihm die Priester lehren, als dem Zeugniß seiner Sinne und Erfahrung; er glaubt gar Manches, „eben weil es unsinnig, ja unmöglich" ist. Und aus diesem Zwange kommt er niemals heraus; denn so lange er dem geoffenbarten Willen Gottes entgegen handelt, lähmt der Alpdruck der Furcht vor der für unausbleiblich gehaltenen ewigen Strafe das Entstehen der Liebe zum Guten aus eigener Werthschätzung. Sobald er aber einmal „die Vernunft ganz gefangen genommen hat unter dem Gehorsam Christi", und im vermeintlichen Besitze „der Freiheit der Kinder Gottes ist", handelt nicht mehr er selbst, sondern Gott durch den heiligen Geist in ihm. Deshalb kommt ja der wahrhaft Gläubige nie zu dem Bewußtsein eigenen Verdienstes, wenn er gut handelt, und eigener Schuld, wenn er böse handelt. In jenem Falle hat Gott, in diesem der Teufel durch ihn gehandelt, der ohnehin durch die Erbsünde von der Geburt auf von ihm Besitz genommen hat. In jenem Falle ist sein Freisein von Sünde Werk der göttlichen Gnade, welche auch sein Erkenntnißvermögen soweit verbessert, daß er sich nun für wirklich frei hält; in diesem Falle ist sein Gebundensein an die Sünde Werk des vorausbestimmten Fluches von Adam her. Sein Hinundherschwanken zwischen Gott und Teufel hat blos den Zweck, in ihm die Todesangst vor ewiger Verdammniß und die Sehnsucht nach ewiger Seligkeit zu erwecken.

Kant hätte von Gott und seinem Willen überhaupt gar nicht reden, geschweige denn dessen Weisheit vertheidigen dürfen. Zur Strafe dafür, daß ers dennoch thut, verwickelt er sich in den unauflöslichen Widerspruch, die Möglichkeit einer Offenbarung anerkennen zu müssen, welche das Wesen der Freiheit aufhebt, obschon sie ihm soviel werth ist. Er vergißt, daß es für unser endliches Erkenntnißvermögen eine unverzeihliche (wenn auch noch so wohlgemeinte) Anmaßung ist, Gottes, des schlechthin Unerkennbaren, Willen und Weisheit rechtfertigen zu wollen, gleich als hätte er in seinem Rathe gesessen, eine Anmaßung, welche sich noch immer durch Verfallen in unlösliche Widersprüche gerächt hat.

Und hier müssen wir zum dritten Male unserem Gegner bemerklich machen, daß das „ABC" nirgends von einer bloßen „Ungewißheit des Daseins Gottes" gesprochen hat, sondern überall nur von einer unbedingten Unmöglichkeit, das Mindeste von Gott zu erkennen. Wir haben sogar ausdrücklich abgelehnt, mit ihm über die „Ungewißheit des Daseins Gottes" zu verhandeln, welches ein ganz schiefer Ausdruck unseres Standpunktes wäre. Trotzdem giebt der Gegner vor, der streitige Satz sei in unsere eigenen Worte gefaßt, und seine ganze Widerlegung richtet sich nur gegen etwas, was wir gar nicht behauptet haben, eben die „Ungewißheit des Daseins Gottes." Wenn wir diese behaupteten, so geständen wir ja von vornherein theilweise zu, was der Gegner haben will. Denn es kann etwas ungewiß, und doch wirklich sein; wer aber die Unmöglichkeit der Erkenntniß von irgend etwas behauptet (und ich habe dieselbe bezüglich Gottes sogar bewiesen), der läßt dieses Etwas weder ungewiß, noch gewiß sein, sondern gesteht Niemandem ein Recht zu, davon etwas als begründet auszusagen. Wir haben diese Unmöglichkeit auf mehrfache Art (im „ABC") bewiesen, nämlich aus dem Entstehen aller unserer Begriffe, aus der Unmöglichkeit, das Dasein eines Etwas anders als durch Sinneserfahrung zu beweisen, aus der Werthlosigkeit aller abstrakten Begriffe, soweit ihnen keine Erfahrung zu Grunde liegt, und aus einer Menge von Widersprüchen, in welche uns der Versuch stürzt, aus abstrakten Begriffen etwas zu folgern. Hat der Gegner sich an einen einzigen dieser Beweisgründe gewagt? — Nein. Sind wir also nicht der Nothwendigkeit enthoben, auf seine Entgegnung einzugehen? — Gewiß. Wenn wir es thun, ist es nur unserer Leser halber. Der Verfasser des „ABC" ist seines Wissens der Erste, der den wissenschaftlichen

Nachweis geliefert hat, und zwar in allgemein verständlicher Sprache, daß alle Versuche, das Uebersinnliche zu erkennen, als schädlich zu verurtheilen sind. Um es durch ein Bild noch verständlicher zu machen: wenn es erfahrungsgemäß feststeht, daß noch Niemand den „Schleier des Bildes zu Sais" ungestraft zu lüften versucht hat, weil Wahnsinn als Strafe darauf folgt, so ist es Thorheit, den Schleier lüften zu wollen, und Taschenspielerei, zu behaupten, man habe etwas dahinter entdeckt, was blos diejenigen wüßten und fühlten, die es ebenso gemacht. Ich wähle den Ausdruck Taschenspielerei, weil der andere „Charlatanerie" einen Gegner beleidigen könnte, dem vielleicht noch zu helfen ist.

Das Bild vom Lüften des Schleiers hat folgendr Bewandniß. Die Gläubigen behaupten (nach Evangelium Johannes 7, 17), daß dem wahrhaft Gläubigen eine unmittelbare Gottesoffenbarung beschieden sei, welche sie den „Beweis des Geistes und der Kraft" nennen. Zufolge dieser vermöchten sie zu erkennen, daß Gott die Liebe sei, und verspürten eine sittliche Kraft in sich, welche andere Menschenkinder nicht hätten, und ein festes Vertrauen darauf, daß ihnen Alles noch hell werden würde, was hienieden dunkel bleiben müsse, eine Gewißheit ihrer Unsterblichkeit und des Vorhandenseins einer moralischen Weltordnung, welche schließlich, und schon hienieden, gerecht das Gute belohnt und das Böse bestraft.

Hierauf ist zu erwidern, daß man dies nicht beweisen kann, so wünschenswerth es wäre. Wir brauchen es nicht zu widerlegen, weil bekanntlich Derjenige den Beweis zu führen hat, der etwas behauptet, während der Gegner, der es bezweifelt, keinen Gegenbeweis zu führen braucht. Die Erfahrung macht uns allerdings etwas mißtrauisch gegen die Behauptung; denn die ausgesprochenen Gläubigen von heutzutage führen den Beweis des „Geistes und der Kraft" keineswegs in ihrem Leben so, daß sie viele Nachahmer erwecken könnten, und die stillen Gläubigen werden nicht bekannt. Wir loben uns dagegen beweisbare Wahrheiten, Gründe der Vernunft. Damit und davon kann man jeden Menschen überzeugen, wenn man sich nur die Mühe nimmt; das stiftet Frieden auf Erden, während der Glauben entzweit; das thut auch Niemandes Freiheit Eintrag, während noch alle Tyrannei auf Erden im Namen des Glaubens geübt, oder doch durch den Glauben unterstützt worden ist; das macht jede Heuchelei unmöglich, welche man unglücklicherweise vom Glauben so schwer unterscheiden kann. Was aber die moralische Weltordnung betrifft, so gebührt das Verdienst der Entdeckung derselben nicht dem Christenthume, sondern modernen Forschungen — worüber später! Der Gegner erkennt übrigens an, daß „der Beweis des Geistes und der Kraft hinfällig wäre, wenn vom rein intellektuellen Standpunkte aus ein zureichender Gegenbeweis gegen diese Wahrheit zu führen wäre". — Aber diese Behauptung ist einfach nicht wahr. — „Oder man mache uns einen, nur einen einzigen „wissenschaftlichen" Beweisgrund namhaft, der den christlichen Glauben wirklich ins Herz trifft."

Hier sind mehrere solche „wissenschaftliche" Beweisgründe. Erstens kann der Gegner uns nicht genau sagen, worin nun eigentlich der christliche Glaube besteht, und wenn er es sagen wollte (denn er gesteht selbst, daß dieser Glaube sich „vielfach mit unechten Zuthaten versetzt findet"), so würde jeder andere christlich Gläubige mehr oder weniger Anderes sagen, so daß es einen unbestreitbar christlichen Glauben gar nicht zu geben scheint. Zweitens gesteht der Gegner zu, daß die innere Gewißheit des wahren Christen über die Inwohnung Gottes in ihm und über die christliche Wahrheit von „allerdings sehr häufigen psychologischen Täuschungen" zu unterscheiden sei — was wieder jeden Versuch einer Widerlegung unmöglich macht; denn gegen Windmühlenflügel kämpfen zu müssen, wenn man zufällig eine psychologische Täuschung unter die Klinge zu bekommen fürchten muß, kann nicht verlangt werden.

Drittens soll man nach des Gegners Zeugniß die christliche Wahrheit „an ihren Früchten erkennen können". Wenns darauf ankommt, so thut es uns leid um das Christenthum. Denn abgesehen von seiner grausenhaften Vergangenheit, wird Jeder, der ungefähr gleichviel Lebenserfahrung unter Christen, Juden, Muhamedanern, Heiden und Ungläubigen gesammelt hat, wie z. B. Verfasser dieses, die spezifischen Anhänger dieser fünf Richtungen nach ihren sittlichen Früchten so wie oben geordnet beurtheilen, nur daß die Christen unten und die Ungläubigen obenan kommen. Zur Entschädigung dafür mögen die wahrhaften Christen geheime Tugenden haben, welche der bösen Vergleichung entgehen — aber man kann es ihnen eben nicht beweisen.

Viertens aber — und hier kommt der Hauptbeweis — macht die Thatsache, daß der Mensch ein freies — oder meinethalben willkürliches — Wesen ist, jede Möglichkeit einer Offenbarung undenkbar. Denn jede über seine Erkenntniß hinausreichende, d. h.

ihm übernatürliche, also auch auf übernatürlichem Wege zukommende Erkenntniß würde seine Freiheit des Erkennens und Handelns aufheben. Das ist es ja eben, was Kant in der oben angeführten Stelle beweist, und wozu wir noch hinzufügen können, daß selbst eine natürliche Offenbarung die Freiheit vernichten würde, längst vernichtet haben müßte. Sobald es sich um Erkenntniß des Unendlichen handelt, so ist nicht mehr die Rede von Stückwerk, sondern vom All. Vom Unendlichen — nennen wirs immerhin Gott! — kann man nicht ein Weniges, sondern nur entweder Alles oder Nichts wissen. Im ersteren Falle ist kein uns bekanntes Wesen, im letzteren sind wir Alle, die Christen also auch. Im ersteren Falle hört mit dem Alles-Erkennen auch die moralische Schwäche auf; denn die Erfahrung lehrt, daß es gar kein mächtigeres Mittel giebt, die Sinnlichkeit zu bändigen, die Selbstsucht zu bezähmen und den höchsten Enthusiasmus für das Gute zu entzünden, als wachsende, klare Erkenntniß. Zur Ehre der menschlichen Natur sei es mir vergönnt mitzutheilen, daß ich in einer vierzigjährigen Thätigkeit als Lehrer, besonders unter verdorbenen Kindern, noch nie eines gefunden habe, welches nicht moralisch besser wurde mit dem Augenblicke, daß ihm die Pforten der Erkenntniß eröffnet wurden. Das pädagogische Zaubermittel der Erziehung Verwahrloster wie Unverdorbener besteht in der sittlich reinen Freude des Erkennens von selbstgedachten Wahrheiten. Theologen sind eben deswegen ganz zu Erziehern verdorben, weil sie nicht vom angebornen Adel der Menschennatur, d. h. ihrer Fähigkeit, durch Erkenntniß moralisch besser zu werden, überzeugt sind. Es taugt überhaupt Niemand zum Lehrer, der kein felsenfestes Vertrauen in die Güte der Menschennatur hat. Diese Entdeckung ist nicht vom Christenthum gemacht, sondern von modernen Pädagogen und Ungläubigen. Sie vernichtet geradezu alle Phantasien der Philosophen, als ob Wille und Erkenntniß zwei himmelweit verschiedene Dinge wären, als ob man Gott im Willen und Dummheit im Geiste haben könne; als ob der Wille früher wäre als das Erkennen; als ob der Mensch „das Wollen haben könne aber nicht das Vollbringen"; als ob Sittlichkeit auf etwas Anderes gebaut sein könne als Erkenntniß des Guten in voller Stärke und im vollen Umfange, und Unsittlichkeit auf etwas Anderes als einseitige oder mangelnde Erkenntniß; oder als ob es weise, erkenntnißreiche Hauptschurken und geistesarme Tugendmuster geben könne.

Wenn nun das Wesen der Sittlichkeit in der Willensfreiheit besteht, wie wir im „ABC" gezeigt zu haben meinen, und wenn beide nicht ohne selbsterworbene Erkenntniß möglich sind, so folgt, daß das Wesen der Offenbarung, welche Mittheilung einer Erkenntniß und Willensregung von außen, ohne wahre Selbstthätigkeit, sein soll, das Wesen der Freiheit und Sittlichkeit aufhebt. Beide können nicht aus derselben Quelle stammen. Jede von beiden vernichtet die andere. Nun ist aber die Freiheit das Stärkere von beiden, wie wir sogleich beweisen wollen; folglich kann es nie eine wirkliche, sondern nur eingebildete Offenbarungen gegeben haben. Man bedenke nur die Geschichte der angeblichen Offenbarungen! Seit Jahrtausenden hat die irregeleitete Menschheit an eine göttliche Offenbarung glauben lernen; in ihrem Glauben waren Gott und Teufel, Himmel und Hölle mit ihrer furchtbaren Ewigkeit die allergewissesten Dinge. Der Mensch hatte sich alles Vertrauens in seine eigne Kraft zum Denken und zur Tugend so sehr entäußert, daß er nur in der gänzlichen Verzweiflung an sich selbst das Heil erblickte, in Selbstverachtung und Selbstwegwerfung selig werden mochte, die Natur und Vernunft als Satans Blendwerk verdammte. So wenigstens in der Theorie, im Versuche; denn in der Praxis schlug er immer ins Gegentheil um, weil seine unverwüstliche Anlage zur Freiheit der Religion ein Schnippchen ums andere machte. Man sollte denken, die Furcht vor der ewigen Verdammniß und die Hoffnung auf ewige Seligkeit hätten den Zweifel und Ungehorsam gegen Gottes Gebot bis zu einem erstaunlichen Grade im Zaume halten, und die Menschheit hätte in achtzehnhundert Jahren wenigstens an äußerlicher Moralität so rasch fortschreiten müssen, daß wir jetzt mitten im Gottesreiche lebten. Ha, welche nicht minder lächerliche, als grausame Selbstkritik der Offenbarung, daß von alledem das erbärmlichste Gegentheil wahrzunehmen ist! Sollen wir erst noch an die Völkerkriege (welche nach christlicher Auffassung lauter Bruderkriege heißen müssen), an die heillosen Streitigkeiten unter den „wahren Gläubigen", die langsamen Hungertode des Proletariats, die weitgreifende leibliche und geistige Prostitution, kurz, an die christliche Gesellschaft, wie sie ist, erinnern? — Wahrlich, die menschliche Freiheitsanlage ist das Mächtigste, welches wir kennen, da sie den 2000 Jahre lang versuchten Selbstmord überstanden und den Offenbarungsglauben soweit abgeschüttelt hat, daß er nie wieder seine ehemalige Macht erlangen kann, ja, daß die gesammte moderne Wissenschaft ihm todtfeindlich ist.

Am allerwenigsten aber könnte die Quelle sowohl der Freiheit als des Offenbarungsglaubens ein alliebender Vater sein, da er ja eben durch die Freiheit uns geradezu den Weg zum Heile verschlossen hätte, den er uns so lockend vorspiegelt, und somit an unser Aller ewiger und unfehlbarer Verdammniß ganz allein schuld wäre.

Und nun etwas von dem felsenfesten Vertrauen auf die sittliche Weltordnung, welches nach unserem Gegner die christlich Gläubigen vor den Ungläubigen auszeichnen soll, welches ihnen Kraft zur Pflichterfüllung unter den schwierigsten Umständen und die Gewißheit des Siegs ihres Sache gebe.

Nur schade, daß die Vertreter dieser geoffenbarten Erkenntniß in ihrem „felsenfesten Vertrauen" auf den Sieg der Gottessache von jeher zu sehr weltlichen und ungöttlichen Mitteln gegriffen haben, um die Gegner dieser Sache zu schwächen. Von Verläumdung der Ungläubigen nun schon gar nicht zu reden, von welcher z. B. Spinoza, Kant, Fichte, D. F. Strauß, Karl Marx und unter vielen anderen die Sozialdemokraten insgemein schöne Proben erfahren haben, wollen wir nur kurz an die Knechtung der Schule, die Bedrängnisse der Wissenschaft (man denke an Feuerbach's Ende!), die Bestechung so mancher wankelmüthigen Freidenker, die lächerlichen Prozesse wegen „Gotteslästerung", die Beschlagnahme der Säuglinge und Kinder für die Kirche durch Taufe und Confirmation, die Erschwerung der Gemeindebildung für die Ungläubigen u. s. w. u. s. w. erinnern, Maßregeln aus der neueren und neuesten Zeit, welche auf Rechnung jenes „felsenfesten Vertrauens" zu schreiben sind. Mit Ekel muß jedes reine Gemüth sich von einer Sache abwenden, welche solche Vertreter hat, oder ihrer wenigstens noch nie hat Herr werden können.

Es gehört ein ganz anderes felsenfestes Vertrauen in die Güte der eigenen Sache dazu, um ein wirklich ganz Ungläubiger und Sozialdemokrat zu sein. Was will der Martyrtod eines mittelalterlichen Ketzers, was die Leibes- und Seelenqualen der Freidenker unter der Inquisition bedeuten gegenüber der Opferfreudigkeit eines Solchen, der auf keinen ewigen Himmelslohn rechnen, ja nicht einmal den vollen Sieg seiner Sache zu erleben hoffen kann, und sich zollweise durch die herrschenden Mächte und Verhältnisse todtpeinigen lassen muß? Thut es uns nach, ihr Gläubigen, wenn ihr könnt, im freudigen lebenslangen Kampfe mit Noth, Sorgen, Entbehrungen, Zurücksetzungen, Verfolgungen, Verzichten auf Ehre und Lohn; in einem Kampfe von größerer Schwierigkeit als alle dagewesenen, weil er gegen eine Welt in leiblichen und geistigen Waffen, und zugleich gegen die verjährten Vorurtheile, gegen die von euch heraufbeschworene Denk- und Willensschlaffheit unserer eigenen natürlichen Bundesgenossen zu führen ist. Geht! wenn ihr unsere siegesgewisse Kraft, die aus der Güte unserer Sache stammt, nicht fürchtetet, so würdet ihr aus anerzogenem Hochmuth uns ganz unbeachtet lassen. Ihr seid an uns verrathen, wir kennen das Geheimniß eurer Schwäche; ihr müßt so viele Worte machen, so verschlungene Sätze und Gedankenfolgen aufbieten, weil ihr nicht klar und einfach sprechen dürft, und weil ihr das nie zu lernen gebraucht habt.

Sie sehen, Herr † †, es ist nicht richtig, was Sie andeuten, als ob ich die menschliche Freiheit leugnete. Klarer als ich hat wohl nie ein Denker sie bestimmt, und Sie hüten sich wohl, auf meine Auseinandersetzung des Begriffs im „ABC" irgendwie einzugehn. Wenn ich die Freiheit auch weit spärlicher in der Menschenwelt vertreten finde, als die landläufige Rechts- und Moralwissenschaft sie voraussetzt; wenn ich sie auch auf der Höhe ihrer Entwicklung mit sittlicher Nothwendigkeit, und in ihrem Keime mit natürlicher Nothwendigkeit gleichbedeutend finde, und in ihrer Entwicklung naturgesetzlich zu erklären suche: so ist doch der kleine Rest wirklicher Freiheit, mit welchem unsere Weltanschauung zu rechnen hat, unendlich reicher an Verheißung, als jene Masse Freiheit, welche nach der Ihrigen angeblich vorhanden ist.

Sie sehen auch, daß unsere Weltanschauung eine sittliche Weltordnung kennt — nicht blos daran glaubt. Sie ist freilich keine in ewiger Vorausbestimmung göttlich verordnete — denn von einer solchen etwas zu wissen, ist unmöglich — sondern sie ist eine durch Selbsterziehung der Menschheit sehr allmälig großgezogene, die sich aber immer wieder glänzend bewährt, am schlagendsten bewährt in der beispiellosen sittlichen Kraft unserer Sache — und das wissen wir genau. Lesen Sie nur den Schluß des „ABC" noch einmal, da finden Sie sie kurz umrissen. Kant brauchte noch einen Urheber der sittlichen Weltordnung, der zugleich Urheber der Naturordnung sein mußte, um beide ins Gleichgewicht zu setzen, und dem sittlich Guten den Sieg zu sichern. Diesen Urheber konnte er zwar nicht beweisen, aber er forderte ihn. Da unsere Weltanschauung von einem solchen Urheber nichts weiß sucht sie auf naturgesetzliche Weise, aus der Erfahrung, das Entstehen des Glaubens an eine sittliche Weltordnung zu erklären, womit sie zugleich das Entstehen dieser Weltordnung selbst erklärt; denn dieselbe besteht lediglich in den menschlichen Gehirnen, und nirgend wo sonst. Und es kommen gar keine Wunder dabei vor. Wenn Ihnen das, was ich im „ABC" unter „Freiheit" darüber gesagt, nicht zur Einsicht in unsere Denkweise verhilft, so wird vielleicht die fernere Debatte darüber mehr Aufschluß geben.

Denn es ist seit Kant ein Riesenschritt in der Kenntniß des Menschen vorwärts gethan worden. Wenn Sie sagen: „Und das Sittengesetz aus der Natur ableiten, heißt entweder seine Unbedingtheit und damit eine Grundthatsache unseres moralischen Bewußtseins leugnen, oder ein Wunder statuiren, das größer ist als alle, die man bestreitet, indem es eine wirkliche (metaphysische) Unmöglichkeit enthält" — so will ich Ihnen jetzt zeigen, daß Sie auch hierin irren.

Wir leiten das Sittengesetz nicht aus der Natur, sondern aus der Menschennatur und ihrer sehr allmäligen Hervorentwicklung aus der thierischen Natur mittels aufrechten Ganges, Sprache und Racen-Veredlung ab. Wir beweisen ferner, daß das Sittengesetz nicht von Anfang des Menschengeschlechts an unbedingt ist, wie Sie aus tiefer Unbekanntschaft mit den Thatsachen der neueren Menschenkunde behaupten, sondern unbedingt erst in dem Menschen auf höheren und höchsten Entwicklungsstufen wird. Dem Wilden sagt kein Sittengesetz, kein untrügerisches Gewissen, was sittlich oder unsittlich ist. Es sagt ihnen keine innere Stimme: „du darfst deinen Nebenmenschen nicht tödten, peinigen, kränken, bestehlen u. s. w., geschweige denn auffressen; und wenn du dir einbilden willst, das dürftest du, so weißt du, daß du lügst". Diese angeborene innere Stimme ist eben bloß eine anerzogene — und noch heutzutage bei sehr Wenigen vollentwickelt. Ganze Völker halten den Diebstahl, den Raub, den Mord des Feindes auch ohne Nothwehr; andere die Blutschande, das Vernähen und Ausschneiden der Frauen, die Menschenopfer und das Auffressen der erschlagenen Feinde nicht nur für erlaubt, sondern für religiöse Pflicht; noch andere nöthigten jede Jungfrau, am Altare der Götter ihre Keuschheit den Priestern oder Fremdlingen zu opfern — — kurz, jeder Wahnsinn, jede Unsittlichkeit war einmal im Gewissen ganzer Völker religiös geheiligt. Ach und heutzutage und innerhalb der christlichen Welt — was vertheidigt nicht alles das Gewissen der Geistlichen, Professoren und Gesetzgeber! Den unbedingten Gehorsam gegen jede zufällige Obrigkeit (außer vielleicht wenn sie der Pfaffenherrschaft zu nahe tritt), den Krieg gegen den „Erbfeind" und die Ewigkeit des Krieges (noch das jüngste Buch eines deutschen Professors, von Hellwald, der über Kulturgeschichte zu schreiben wagt, warfen wir ungelauft hinweg, als wir fanden, daß er den Krieg für ein nothwendiges Uebel erklärt), die natürlich verordnete Ungleichheit der Menschen u. s. w. u. s. w. — kurz ärgeren Wahnsinn, als je bei rohen Völkern entschuldbar sein mochte.

„Im Interesse der Erziehung unseres Willens zur Freiheit" findet der Gegner alle seine Gewährsmänner einverstanden und läßt mir die Gerechtigkeit widerfahren, daß auch ich im sittlichen Interesse mit ihm einverstanden sei. Es kommt freilich Alles darauf an, was man unter Sittlichkeit und Freiheit versteht. Deshalb soll es mir lieb sein, wenn er in folgenden sittlichen und freiheitlichen Grundsätzen mit mir und der Sozialdemokratie einverstanden ist. Uns sind sie heilig. Bleibe der Gegner mir ja nicht die Antwort schuldig!

Da kein Mensch dafür kann, wo, von wem und wie er geboren und bis dahin erzogen ist, wann er selbst denken kann, so folgt:

Es ist unrecht, daß Einer sich für etwas Besseres von Natur hält als der Andere.

Es ist unrecht, über die Dummheit, Beschränktheit und Vorurtheile Derer zu spotten, sie zu verdammen und in ihren Rechten zu verkürzen, welche nie selbst denken gelernt haben.

Es ist unrecht, Jemanden für Worte, Handlungen und Gebrechen verantwortlich im vollen Umfange zu machen, welche nachweislich Erzeugnisse seiner Abstammung und passiven Erziehung sind, wenn nicht seine Selbsterziehung wachgerufen ist.

Es ist unrecht, mehr von der Gesellschaft an Gütern und Genüssen zu nehmen, als man ihr giebt. Die Werthabmessung ist sehr schwer; deshalb sollte Jeder auf der sicheren Seite zu irren suchen und der Gesellschaft lieber mehr Dienste leisten, als er von ihr empfangen.

Unsere passive Erziehung ist das Werk aller vorangegangenen Menschengeschlechter, und nur soviel ist das Werk unserer Selbsterziehung, als uns über alle Zeitgenossen, oder über die uns mitgegebene passive Erziehung erhebt. Jedenfalls und im allerbesten Falle also ist das Verdienst des Einzelnen sehr gering. Die verdientesten Menschen sind deshalb die allerbescheidensten, wenn auch nicht gegen sich selbst ungerecht.

Es ist also unrecht, irgend einen Menschen zu vergöttern, und doppelt unrecht, die Gunst des Schicksals, welche ihm als Eingebinde in die Wiege geworfen wurde, als eigenes Verdienst des Glücklichen zu preisen.

Es ist unrecht, denjenigen Neid und Mißgunst unterzuschieben, welche obige gerechte Grundsätze in der heutigen Gesellschaft mit Füßen getreten sehen und im Interesse der Gerechtigkeit ihre Durchführung verlangen.

Es ist unrecht, das höchste unterscheidende Kennzeichen des Menschen vom Thiere, sein Aufstreben zur vollen Menschlichkeit und Freiheit, gerade an den bedürftigsten und unterdrückten Klassen als Aufruhr, Unsittlichkeit und Bestialität zu verurtheilen und unterdrücken.

Es ist ein scheußliches Unrecht, die Menschennatur als ursprünglich verderbt, erbsündig, ohne Offenbarung ewig verloren, ohne Bevormundung der zufällig Mächtigen zur Selbstbestimmung und vernünftigen Weltordnung unfähig, und darauf hin jede eben bestehende Unterdrückung für gerechtfertigt zu erklären.

Es ist unrecht, daran zu zweifeln, daß jedes vollsinnig geborne Menschenkind zum vollen wahren Menschen ausgebildet werden könne, und daß dies die wichtigste und dringendste Pflicht der Gegenwart sei. Denn eine Ausbildung, welche einzelne Bevorzugte auf den Schultern der ganzen Menschheit erlangen können, beweist die Möglichkeit derselben Ausbildung für Alle.

Es ist unrecht (die „Concordia" möge sich dies merken), die heutige Gesellschaftsordnung zwar in vielen Hinsichten für ungerecht zu erklären, aber doch daran festzuhalten, daß allmälige Verbesserung derselben möglich sei, ohne die künstlich (durch Gesetze und Herkommen) geschaffene Ungleichheit der Menschen durch möglichst gleichmäßige Erziehung und Gesetzgebung für Alle aufzuheben.

Es ist unrecht und mit einer furchtbaren Verantwortlichkeit verbunden, wenn die im Besitz des heutigen menschheitlichen Schatzes an wissenschaftlicher Erkenntniß und künstlerischer Fertigkeit Befindlichen daraus einen Geheim- und Privatbesitz machen, den sie im Interesse Weniger ausbeuten. Das ist, wenn überhaupt dergleichen möglich wäre, die Sünde wider den heiligen Geist.

Noch mehr unrecht aber ist es, wenn sie Anderen, die nicht dieselbe Erziehung auf Kosten Aller gehabt haben, ihre Unbildung und deren unvermeidliche Folgen zum Vorwurf, ja zum Verbrechen machen und ihr Elend als gerechte Strafe dafür betrachten. Dies ist bestialischer als irgend eine Bestialität der Wilden.

Es ist unrecht, daß gebildete Menschen (gebildet auf Kosten Aller) das Privateigenthum an Grund und Boden, sowie an allen Gütern, welche die Natur Allen ohne Unterschied sonder Arbeit verliehen hat, vertheidigen. Denn eben ihre Bildung legt ihnen die Pflicht auf, die Scheingründe zu vernichten, welche dieses Vorrecht stützen sollen. Und ganz dasselbe gilt von allen Vorrechten.

Es ist unrecht, seine Ansichten und Urtheile zu modeln nach den Anforderungen irgend einer bürgerlichen, staatlichen oder religiösen Gesetzgebung und Ordnung, anstatt das durch eigenes Denken und Forschen für wahr Erkannte unter allen Umständen und auf jede Gefahr zu verkünden.

Es ist für einen Denkfähigen unrecht, die bestehenden Ungerechtigkeiten für organisch verbesserbar zu erklären, so lange ihnen alle und jede sittliche Grundlage fehlt, anstatt wacker an der Vorbereitung der bestmöglichen Art einer neuen Gesellschaft zu arbeiten.

Und hiermit für diesmal genug. Wir meinen, daß obige sittliche Grundsätze der Sozialdemokratie etwas dem Christenthume und jeder „geoffenbarten Religion" gegenüber ganz Neues, Höheres, unvergleichlich Besseres sind. Ist unser Gegner damit nicht einverstanden, so widerlege er — aber Schritt für Schritt. Er wird nicht sagen können, daß wir seine Ansichten entstellt haben, wenn wir auch unsererseits uns über seine Abgeneigtheit beklagen müssen, soweit in unsere Anschauungsweise sich hineinzudenken, als wir es mit der seinigen gethan.

Wir sind zur allergründlichsten Besprechung der vorliegenden Frage so willig als gerüstet, wenn ein Sprechsaal dafür zu finden ist.*) Daß wir diesmal nicht die ganze „Widerlegung" des Gegners resumiren, wird er wohl selbst für unthunlich erkennen.

A. Douai.

(Die Entgegnung erhalten am 3. Juni. Die Antwort abgefertigt am 8. Juni.)

---

*) Warum nicht wie diesmal, „Volksstaat" und „Konkordia?" R. d. V.